Modus Vivendi tient à remercier *Ares* (www.arescuisine.com) pour le prêt d'accessoires
et de vaisselle qui embellissent les pages de ce livre.

© 2007 Kate Wood, pour le texte
© 2007 Grub Street pour l'édition anglaise
© 2010 Les Publications Modus Vivendi inc., pour l'édition française et les photographies

L'édition originale de cet ouvrage est parue chez Grub Street sous le titre de *Raw Living*.

LES PUBLICATIONS MODUS VIVENDI INC.
55, rue Jean-Talon Ouest, 2e étage
Montréal (Québec) H2R 2W8
Canada

www.groupemodus.com

Éditeur : Marc Alain
Designer graphique : Émilie Houle
Photographe : André Noël
Styliste culinaire : Simon Roberge
Traducteur : Renée Boileau

ISBN 978-2-89523-640-5

Dépôt légal — Bibliothèque et Archives nationales du Québec, 2010
Dépôt légal — Bibliothèque et Archives Canada, 2010

Tous droits réservés. Aucune section de cet ouvrage ne peut être reproduite, mémorisée dans un système central ou transmise de quelque façon que ce soit ou par quelque procédé électronique, mécanique, de photocopies, d'enregistrement ou autre sans la permission écrite de l'éditeur.

Nous reconnaissons l'aide financière du gouvernement du Canada par l'entremise du Fonds du livre du Canada pour nos activités d'édition.

Gouvernement du Québec — Programme de crédit d'impôt pour l'édition de livres — Gestion SODEC

Imprimé à Singapour en mars 2012

cru

Kate Wood

160 recettes pour une alimentation
saine et vivante

MODUS VIVENDI

À Chris, Reuben, Ethan, Zachary, Alxxx, Shazzie, Evie et Dani.

Table des matières

Préface ... 9
Introduction ... 11
La conception et la grossesse ... 15
L'allaitement ... 19
Les enfants ... 22
Les fêtes d'enfants ... 26
Les maris ... 30
Les aphrodisiaques ... 31
Les superaliments ... 34
Les techniques de soutien ... 38
Le cheminement ... 44
Échantillons de menu ... 45
La germination ... 48
Remarques sur la cuisine ... 50

Les recettes
Les trempettes ... 59
Les pâtés et les tartinades ... 75
Les sauces pour salade ... 89
Les soupes ... 103
Les salades ... 113
Les bonnes-bouches ... 143
Les sauces pour pâtes ... 157
Les biscuits et les craquelins ... 167
Les suppléments ... 179
Les poudings ... 193
Les tartes, les tartelettes et les gâteaux ... 211
Les biscuits ... 225
Les friandises ... 233
Les recettes de mes invités ... 241

Index ... 253

Préface

Le premier livre de Kate Wood m'a vraiment enthousiasmée ! J'avais déjà lu environ une douzaine de livres américains sur le sujet et c'était le premier livre de recettes à inclure des ingrédients familiers, que j'aime et que je peux trouver dans les magasins ! Le livre de Kate était très pratique. J'ai utilisé ses recettes. Quelle révélation ! Après avoir lu les recettes de son second livre, je suis vraiment heureuse qu'elle l'ait écrit.

J'ai un aveu à faire. L'année dernière, j'ai mangé les aliments proposés par Kate chaque fois que j'en ai eu l'occasion. D'accord, j'ai un autre aveu à faire : je n'ai pas préparé ses recettes. Je me suis contentée de me prélasser dans le sofa de sa cuisine et de m'émerveiller de la façon dont elle me présente simplement un bol avec un sourire et en me posant une question, comme : « Aimeriez-vous un gâteau aux épinards ? » J'aime ses gâteaux et sa compagnie. Elle me présente alors un délicieux pouding avec le même sourire. Son fils aîné, Reuben, fait de même : « J'ai préparé une soupe au maïs sucré et aux amandes. Vous voulez y goûter ? » Il la réchauffe doucement et m'en sert un bol, garni de petits morceaux croustillants. Ma fille, Evie, tourne autour du déshydrateur d'aliments, toujours en marche. Elle demande un biscuit. Kate lui présente des craquants aux tomates, des biscuits et des crêpes américaines. C'est l'essentiel de *Cru*. Ce n'est pas une simple collection d'ingrédients mis ensemble n'importe comment. C'est un cadeau de famille naturel, destiné à nous aider à créer un merveilleux choix d'aliments pour nos familles.

Cru est accessible à tous. Nous savons tous qu'il faut inclure plus de fruits, de légumes et d'aliments crus dans notre alimentation. Ainsi, de plus en plus de gens sont à l'écoute de ce que leur corps leur demande : « Prends soin de moi, nourris-moi, aime-moi, procure-moi de l'air frais, dorlote-moi et je te donnerai la meilleure vie possible. » Nous prenons tous conscience qu'une vie allégée dans tous les domaines est la seule option logique. On n'a jamais entendu une nutritionniste déclarer : « Mangez plus de hamburgers et de croustilles ! » *Cru* nous propose de nombreuses façons de s'alimenter pour répondre à tous les besoins de notre corps et parvenir à une vie saine. Kate est la mère de trois garçons d'âge scolaire élevés à l'école de l'alimentation crue. Elle est l'auteure de deux livres, directrice d'entreprise; elle possède une boutique et un café-bar. Elle aime aussi les réceptions !

Elle réussit à tout faire, car son alimentation lui fournit l'énergie dont elle a besoin. *Cru* est une banque illimitée d'énergie. Kate est un réel exemple de superfemme, tout comme vous pourriez le devenir en adoptant ses choix d'aliments. D'accord, vous ne pouvez peut-être pas fréquenter sa cuisine, mais vous pouvez utiliser les recettes de *Cru*. C'est certainement la meilleure solution de rechange ! Kate est également l'une des têtes d'affiche de la révolution du chocolat brut. Elle a créé plus de recettes de chocolat, de gâteaux, de biscuits et de bonnes-bouches que personne d'autre à ma connaissance. Quelques-unes de ces recettes se trouvent dans ce livre. Si vous n'avez pas la chance de visiter sa boutique, vous pouvez tout de même en faire l'expérience. N'est-ce pas merveilleux ?

Sans plus tarder, tout ce qu'il reste à dire est : « Bon appétit ! »

Shazzie
Auteure et directrice de Rawcreation Ltd.

Introduction

L'alimentation saine est officiellement à nos portes. Il semble impossible de faire un pas sans se faire dire quoi manger par les nutritionnistes. Les célébrités endossent de nouvelles diètes, les gouvernements publient des stratégies et les médias communiquent des statistiques alarmantes. Notre nation prend sa santé de plus en plus au sérieux. Nous voulons manger de bonnes choses, être minces, en forme et rester jeunes. Nous prenons conscience que la qualité de certains aliments s'est détériorée au cours des 50 dernières années, au point où nous n'en tirons plus les nutriments dont nous avons besoin, alors que nous devons composer avec un grand nombre de stress sur le plan environnemental et social qui épuisent nos réserves : la pollution, les produits chimiques domestiques, le rayonnement électromagnétique et la vie trépidante que beaucoup d'entre nous mènent, en subissant les fortes pressions de la vie courante. Nous devons prendre soin de nous-mêmes pour éviter de devenir la proie de l'un des nombreux symptômes d'une mauvaise santé qui nous guette tous : de la fatigue générale et la confusion à l'asthme, l'eczéma et le psoriasis jusqu'au cancer, à la cardiopathie et au diabète.

Cela dit, il peut s'avérer très difficile de franchir le pas des bonnes intentions à la réalité quotidienne. Combien de fois avez-vous lu qu'il faut beaucoup d'acides gras essentiels pour prévenir la dépression ? Pourtant, vous ne savez toujours pas quoi faire avec ce flacon d'huile de lin au fond de votre réfrigérateur. Vous vous rendez compte que l'alimentation de vos enfants est faible en minéraux, mais comment leur faire manger leurs légumes verts ? Vous voulez bien abandonner les produits laitiers, mais par quoi les remplacer ? Ou encore, vous n'avez simplement pas de temps et d'énergie à consacrer à une recherche approfondie sur les nouveaux aliments que vous devriez manger pour parvenir à l'épanouissement. C'est ici que *Cru* entre en jeu.

Si vous examinez de près les différentes théories sur la nutrition et les régimes alimentaires variés, vous constaterez qu'il y a beaucoup d'éléments communs dans ce qui est proposé. Jill vous dit d'ajouter un peu d'ingrédient X, Paul veut que vous ajoutiez le supplément Y et pour Caroline, la clé est de supprimer Z, bref, ils disent tous la même chose :

Alimentation saine

- mangez plus de fruits et de légumes ;
- buvez plus d'eau ;
- mangez des graisses saines ;
- prenez des suppléments de vitamines et de minéraux.

C'est en résumé ce que vous propose *Cru*. Les fruits et les légumes, de préférence biologiques et locaux, consommés en saison, constituent le fondement d'un régime crudiste. Il faut y ajouter les liquides sous forme d'eau pure et de jus frais; les graisses sous forme de noix, de graines, d'avocats et d'olives; les grains germés et les légumineuses à grain et les superaliments, comme le pollen d'abeille et la spiruline (une algue microscopique). Vous devez éviter la viande, les produits laitiers, le gluten, le sucre et tous les aliments transformés, mais l'une des joies de ce régime est qu'il est efficace si vous le suivez au moins la moitié du temps. Vous pouvez donc prendre un déjeuner cru, un dîner cuit, une salade et un aliment cuit pour le thé ou manger cru toute la journée et prendre un repas cuit au souper. Il y a fort à parier que si vous prenez ce livre, vous suivez déjà ces principes en partie. N'est-ce pas ? Il est facile de manger cru, car nous y sommes portés naturellement. Vous n'avez pas à abandonner vos aliments préférés, mais vous verrez qu'avec le temps, vous y adhérerez. Vos papilles gustatives s'adapteront, vous n'aurez plus envie de malbouffe, mais de superaliments !

Je n'ai pas l'intention de vous dire quoi faire; je laisse ça aux experts. Je vous demande seulement d'ouvrir la porte au tout nouveau monde de la cuisine à base d'aliments crus : une révélation ! Après plus de 10 ans de ce régime, ces aliments m'enthousiasment plus que jamais. Je découvre régulièrement de nouveaux ingrédients ou de nouvelles combinaisons. Si je suis invitée chez un ami crudiste, invariablement je suis ravie par la variété et l'originalité de sa cuisine. Les aliments crus nous inspirent et nous poussent à réaliser notre potentiel créatif dans la cuisine et à l'extérieur ! Ce régime est un vrai plaisir : simples et faciles à préparer, les aliments peuvent être savourés, peu importe à quel point votre emploi du temps est chargé, et ils vous fournissent l'énergie nécessaire pour composer avec les exigences de la vie quotidienne. Lorsque vous mangez des aliments biologiques frais, locaux et en saison, vous puisez dans la force vitale infinie de la terre, vous accédez à l'énergie divine et les aliments sont savoureux.

Ce recueil de recettes présente tous les plats que ma famille a particulièrement aimés au cours des dernières années. Au moment où je les ai créées, j'avais trois fils de moins de sept ans et peu de temps ou d'énergie à consacrer à la cuisine. Je devais voir à ce que les repas soient prêts rapidement, tout en m'assurant que les assiettes se vident. Voilà où nous en sommes : un recueil unique de recettes d'aliments crus dont le goût est étonnant, qui vous permettent de sortir de la cuisine et de vivre votre vie.

J'ai eu beaucoup de plaisir à écrire ce livre. En relisant l'information, j'ai compris encore une fois à quel point les aliments crus sont sensationnels. Ce concept est tellement facile à saisir et ses effets ne sont rien de moins que révolutionnaires. Je suis engagée sur cette voie depuis de nombreuses années, mais il est humain de tenir les choses pour acquises et d'oublier tout le chemin parcouru. Ces jours-ci, je me trouve dans une position privilégiée, où la plupart de mes amis et des gens qui m'entourent sont des crudistes; je n'ai même plus à y penser. Rassembler l'information pour ce livre m'a aidée à la voir d'un œil nouveau. Les répercussions du régime crudiste pour notre société me passionnent. Lorsque chacun assumera honnêtement la responsabilité de sa propre santé, reprendra sa vie en mains et se donnera des moyens en prenant conscience des vrais faits sur les possibilités et la vitalité de la nature humaine, quel type de monde sera créé ? Lorsque chacun s'éveillera avec un regain d'énergie, débordant d'enthousiasme pour la vie, comme le crudiste moyen, à quelles réalités étonnantes peut-on s'attendre ? L'une de mes maximes les plus chères est la suivante : « Soyez le changement que vous voulez introduire dans le monde ». C'est la force principale qui me motive à adopter un régime d'aliments crus, c'est la raison pour laquelle je crois qu'il est si important. Manger cru nous procure l'un des outils les plus complets pour vivre une vie remplie de joie et d'abondance, pour inspirer positivement ceux qui nous entourent et contrer tout ce qui se produit d'horrible et de négatif dans le monde, jour après jour.

Je crois que le meilleur moyen de faire du monde un endroit meilleur est d'être une force du bien par tous les moyens, à tout moment. Se plaindre, lutter, protester ne fait que contribuer à la tristesse de la situation mondiale. Après 30 ans de cette attitude, je peux voir des signes que l'humanité commence à apprendre qu'il existe une plus grande vue d'ensemble. Je suis souvent émue par les changements considérables qui pourraient se produire lorsque ce consensus deviendra réalité. Nous sommes à une époque où c'est vraiment possible. En tenant ce livre entre vos mains et en lisant l'information que j'ai accumulée après des années d'études et d'expérience, vous disposez d'une merveilleuse clé pour faire de votre vie un modèle exemplaire. N'est-ce pas fantastique ?

Kate Wood

La conception et la grossesse

La conception est le début d'un voyage extraordinaire dans la maternité. Plus vous êtes préparée et vous établissez des assises solides, plus il vous sera facile de plonger dans le chaos que les enfants provoquent dans votre vie. Si vous êtes au mieux de votre condition physique, vous pourrez concevoir rapidement, porter votre bébé à terme, offrir à votre enfant un excellent départ dans la vie et emmagasiner vos réserves en vue du travail intensément épuisant de la grossesse et de l'allaitement. Au moins trois mois avant d'essayer de concevoir, si les circonstances le permettent, il serait sage d'examiner votre alimentation, votre bien-être émotionnel et d'entreprendre un programme d'assainissement et de détoxication.

Comme de nombreuses jeunes personnes, avant d'avoir des enfants j'étais rarement malade, j'avais peu de stress et de vraies responsabilités dans ma vie. Je me nourrissais bien, mais j'accordais peu d'attention aux sources d'où je tirais mon calcium et mon fer. Je n'étais pas médecin. Je ne me rappelle même pas avoir souffert d'un rhume occasionnel. Par conséquent, l'éventualité d'être mère me poussait à réfléchir sérieusement à la façon dont je m'y prendrais pour prendre soin d'un enfant sans me conformer aux modèles classiques, et en outre, j'ai dû réévaluer mon propre état de santé. Porter un bébé fait subir à l'organisme un stress indescriptible qui ne disparaît pas à la naissance de l'enfant; l'allaitement demande une quantité énorme de ressources physiques. À chaque naissance, votre corps épuise ses réserves et s'affaiblit, et à moins d'adopter une approche proactive de votre santé, chaque nouvelle grossesse est susceptible de donner lieu à des complications à mesure que le stress de la maternité affaiblit la mère.

En moyenne, un couple doit attendre sept mois avant de concevoir. Si vous avez le bonheur d'essayer activement d'avoir un bébé, vous pouvez essayer de nombreuses mesures diététiques simples pour accroître votre fécondité et faciliter la transition à la maternité. Ce n'est pas le moment d'adopter un régime alimentaire draconien, mais vous pouvez apporter quelques changements faciles et subtils à votre alimentation. Si vous êtes trop extrême, vous ferez le yoyo en revenant à vos anciennes habitudes lorsque vous serez enceinte, ce qui nuit à votre corps. Si vous adoptez un programme détoxifiant pendant la grossesse et l'allaitement, le bébé peut absorber les toxines que votre organisme élimine par le placenta ou dans votre lait maternel. Il est donc sage d'attendre un peu. De nombreuses femmes éprouvent des difficultés à maintenir une alimentation saine pendant la grossesse, en particulier au premier trimestre. Il est donc préférable de manger vos légumes verts maintenant, avant qu'ils vous donnent la nausée !

L'une des façons les plus élémentaires d'accroître votre fécondité est d'éviter l'alcool, le tabac et la caféine. Dans son livre *Optimum Nutrition Before, During and After Pregnancy*, Patrick Holford cite des recherches qui montrent qu'une seule tasse de café par jour peut réduire de moitié vos chances de concevoir, tout comme consommer de l'alcool tous les jours et que le tabagisme réduit la qualité de vos ovules et réduit le nombre d'ovules qui peuvent être fécondés. Par contre, une alimentation riche en antioxydants contribue à la fécondité, surtout chez les femmes de plus de 35 ans. Ainsi, la consommation de fruits et de légumes crus est incontournable. Le fait d'être trop maigre ou trop grosse peut également réduire vos chances de concevoir. Dans une étude, près des trois quarts des femmes qui semblaient infécondes sans raison ont conçu naturellement, après avoir laissé tomber leur régime amaigrissant, une fois parvenues à leur poids optimal. À l'inverse, si vous avez un surplus de poids, votre équilibre hormonal peut être perturbé et vous empêcher d'ovuler. Une simple perte de poids de 10 % peut stimuler considérablement l'ovulation.

Les deux minéraux essentiels à la fécondité sont le sélénium et le fer. Moins d'une personne sur 10 obtient l'apport quotidien recommandé (AQR) pour le zinc. Les graines de potiron, les pois chiches, le fromage et le beurre de sésame (tahini) sont de bonnes sources. La meilleure source de sélénium alimentaire est la noix du Brésil, qui en contient 839 µg par 30 g/1 oz (l'AQR est de 55 µg !). Les grains entiers, comme le blé, sont également une bonne source. Toutefois, en raison de l'agriculture intensive au cours du siècle dernier et de l'utilisation répandue des produits chimiques et des pesticides, le sol est généralement épuisé et ne contient plus le même niveau de minéraux qu'auparavant, dont le sélénium. En ce qui concerne les vitamines, la vitamine B6 est à surveiller. On la trouve dans le chou-fleur, le cresson, les bananes et le brocoli. Une dose quotidienne d'acides gras essentiels importe également et vous la trouverez dans les graines de lin et l'huile de chanvre. Si vous ne consommez actuellement aucun superaliment, c'est le moment d'y penser pour le bien-être de votre bébé. Le pollen d'abeille (riche en B6 et en zinc) et la maca (Lepidium meyenii) qu'on appelle aussi Viagra naturel (voir le chapitre sur les superaliments page 34) favorisent la fécondité.

La nausée pendant la grossesse survient en raison de l'énorme quantité d'hormones qui envahissent le corps. Pourtant, elle ne se manifeste pas dans certaines tribus primitives. Je crois que la mesure dans laquelle vous êtes malade est liée à la quantité de toxines emmagasinées dans votre organisme, à votre style de vie et à des facteurs émotionnels. Le stress que vous éprouvez pendant la grossesse joue aussi un rôle. Le stress crée de la toxicité. Vous pouvez l'atténuer en nettoyant votre foie avant d'essayer de concevoir. Chaque matin pendant six semaines, au lever, prenez une cuillerée à soupe de jus de citron frais. Vous n'apprécierez peut-être pas le goût et vous aurez peut-être la nausée, mais le citron contribuera à désengorger votre foie et vous préparera à ce qui suit.

L'agropyre (wheatgrass) est excellent pour nettoyer le foie. Vous pouvez le cultiver facilement à peu de frais ou acheter des plateaux tout prêts dans un magasin d'aliments naturels ou en ligne. L'une des meilleures façons de détoxifier votre organisme est de boire quatre cuillerées à soupe de jus d'agropyre tous les matins, grâce à sa teneur en chlorophylle. La composition de la chlorophylle ressemble à celle du sang humain et elle oxygène les cellules. Elle est fantastique pour équilibrer la glycémie. Une faible glycémie peut causer la nausée. Il est vital de maintenir votre hydratation, surtout si vous vomissez régulièrement. De nombreuses femmes sont pratiquement incapables de boire de l'eau pure au début. La solution est d'essayer des tisanes ou des jus de fruit concentrés très dilués. Certaines femmes qui ne peuvent boire de l'eau ordinaire arrivent à boire de l'eau gazéifiée. Idéalement, vous devriez boire au moins deux litres de liquide par jour, sinon trois. Le gingembre et le citron sont des remèdes maison populaires. Préparez un peu

de thé accompagné de racine de gingembre râpée, une tranche de citron biologique non paraffiné et de l'eau chaude. Si vous avez un extracteur de jus, ajoutez un morceau de gingembre (autant que vous pouvez en tolérer), une tranche de citron et pressez le jus de pommes ou de poires.

Une fois enceinte, vous explorez un nouvel horizon alimentaire. C'est injuste : alors que vous devez plus que jamais vous nourrir de façon saine, il devient de plus en plus difficile de maîtriser vos désirs relativement à ce que vous voulez manger ou non. Je savais que j'étais enceinte la deuxième fois parce que j'avais une folle envie de tartinade *Marmite* sur pain grillé, des aliments que je ne consomme jamais habituellement et exactement la même envie que lors de ma première grossesse. Je suis persuadée qu'il ne s'agit pas d'une coïncidence. Cette tartinade contient des vitamines et des minéraux pour le fœtus en développement et soulage la nausée chez un grand nombre de femmes. Mon corps savait qu'il avait besoin de vitamines B, et où il les avait trouvées auparavant. Il m'a simplement indiqué la voie à suivre. Beaucoup de femmes recherchent des aliments simples et fades, sans sauce riche. Peu importe à quel point vous êtes en santé, vous aurez envie d'aliments sans valeur nutritive : tout ce qui est apaisant et réconfortant. Il importe d'établir un équilibre et de prendre soin de vous autant que vous le pouvez dans tous les domaines de votre vie. C'est probablement votre dernière occasion de loisir pour quelques années ! Acceptez votre désir d'aliments vides et ne vous refusez pas ce qui vous fait plaisir. Cependant, équilibrez la malbouffe avec des aliments riches en nutriments dont le goût vous paraît toujours agréable. La clé d'une santé optimale au cours de cette période est de trouver quelques aliments réellement nutritifs que vous aimez et de vous assurer d'en manger le plus possible. Votre estomac ne peut tolérer les repas copieux, mais vous devez maintenir vos forces. Ainsi, concentrez-vous sur les jus et les superaliments. Manger cru n'est pas prioritaire. Donner à votre corps tout l'amour que vous pouvez et l'alimenter de vitamines et de minéraux par les moyens dont vous disposez passent en premier. Ne soyez pas trop stricte dans votre régime alimentaire pour l'instant. Ce serait futile et dangereux. Si vous n'avez pas préparé votre santé avant la conception, ce n'est pas le moment de vous pousser à le faire. Aimez-vous exactement comme vous êtes et laissez-vous bercer par ce moment unique et fascinant de votre vie.

L'allaitement

L'allaitement peut être une merveilleuse expérience où se forme le lien affectif entre la mère et son enfant. Il est vraiment merveilleux de regarder votre bébé s'épanouir en buvant le liquide miraculeux produit par votre corps. Pourtant, cela demande un travail ardu ! Alors que la grossesse demande 300 calories supplémentaires par jour, l'allaitement en demande 500. La grossesse est un temps de repos (avec un peu de chance), pour vous dorloter et vous baigner dans les bons souhaits presque universels de tous ceux qui vous entourent, les exigences de l'allaitement sont très peu reconnues dans notre société. Vous vous donnez littéralement, généralement pendant des heures interminables, jour et nuit, pendant que vous devez assumer toutes vos autres responsabilités. Rien d'étonnant à ce que la plupart des femmes abandonnent avant la fin de la première année. À n'en pas douter, plus longtemps vous allaitez votre enfant, meilleur sera son départ dans la vie. Selon mon expérience, la plupart des enfants sont sevrés par eux-mêmes autour de 36 mois, bien que d'autres doivent être allaités plus longtemps.

Après le miracle de la grossesse et de l'accouchement, alors que votre corps a déjà fait ses preuves, il doit s'acquitter de cette tâche très exigeante, peut-être pendant plusieurs années. La plupart des femmes ont une faim de loup au cours des premiers mois suivant la naissance. Il est vital pour votre santé et celle de votre bébé de prendre bien soin de vous. Vous n'aurez peut-être pas le loisir de vous prélasser dans votre bain, de prendre du bon temps avec votre partenaire sans interruption ou de faire la grasse matinée le dimanche, mais vous pouvez bien vous nourrir. En fait, c'est l'occasion de manger tant que vous le voulez sans craindre de prendre du poids.

Avec les trois garçons, j'ai allaité continuellement pendant près de 10 ans tout en suivant un régime riche en aliments crus. Je me suis évertuée à trouver une façon de maintenir une bonne santé, qui me permet de me soutenir sans m'épuiser et m'appauvrir physiquement. Aucun doute, les aliments crus font partie des facteurs importants qui m'ont permis de me consacrer à mes enfants et de penser un peu à moi. Toutefois, ils ont leurs limites. L'allaitement appauvrit tellement le corps que vous devez consommer de grandes quantités de nutriments. Même si vous prenez grand soin de votre alimentation, vous n'arriverez pas à en obtenir suffisamment. Il n'est jamais recommandé de trop manger. Votre système digestif est mis à l'épreuve et vous vous sentez fatiguée et apathique. Selon moi, la solution réside dans les superaliments et les jus. Bien utilisés, ils vous soutiennent, sans imposer une charge supplémentaire à votre organisme.

Vous devez absolument obtenir vos protéines pour permettre à votre bébé de se développer. Il est essentiel de consommer beaucoup de germes; les lentilles, pois chiches et les haricots mungo sont merveilleux. Une trop grande quantité de noix et de graines peut entraîner la formation de mucus, surtout si vous ne les faites pas tremper d'abord. Votre enfant pourrait commencer à produire de la morve jaune ou verte et épaisse. Optez pour les graines de chanvre, de potiron ou de tournesol et laissez-les tremper au moins quelques heures. J'essaie toujours de les tremper la nuit puis de les laisser germer pendant une journée complète si possible. Le sésame est une centrale de nutriments. Pendant l'allaitement, le calcium, le fer, le zinc et les vitamines B (B6 surtout) sont particulièrement nécessaires. Le zinc est vraiment important. Selon l'autorité en nutrition au Royaume-Uni, Patrick Holford, une personne sur 20 obtient l'apport quotidien recommandé dans son alimentation. Il se trouve en quantité dans les graines de potiron, les pois chiches et le beurre de sésame. Le chou-fleur, le cresson, les bananes et le brocoli contiennent de la vitamine B6. Une banane contient 50 % de l'AQR. N'oubliez pas la vitamine B12. La seule façon d'assurer l'AQR est de la prendre sous forme de supplément. En outre, les femmes qui allaitent ont besoin d'une quantité énorme de calcium, soit 550 mg de plus chaque jour. Les légumes verts en contiennent, en particulier le brocoli, de même que le varech, les graines de sésame et la maca.

Vous avez également besoin d'un bon approvisionnement de graisses pour obtenir un lait maternel riche. Encore une fois, ne mangez pas trop de noix ou de graines, mais consommez des huiles brutes, comme l'huile d'olive ou de lin, de même que des avocats et des olives. L'huile de lin est toujours importante dans l'alimentation et surtout pendant l'allaitement. Essayez d'en prendre une à deux cuillerées à soupe par jour. Si vous n'êtes pas strictement crudiste, prenez un peu de mélasse. Elle est riche en fer et en calcium et elle est excellente avec le beurre de sésame sur des craquelins et du pain essène. Les flocons de levure nutritionnelle ne font pas partie des aliments crus, mais ils regorgent de vitamines B et constituent un délicieux plat d'accompagnement pour la plupart des repas. Certains jours, il m'arrivait de me sentir comme une vache : je faisais peu de choses, mais je mangeais mes légumes verts et je produisais du lait, faisant la navette entre mon bébé et la cuisine du matin au soir, « broutant et me faisant traire ». Le jus vert est ma boisson miracle, ma bouée de sauvetage, mon tonique; j'en ai absolument besoin. Jamais depuis que j'ai découvert les aliments crus, et que je prends mon jus vert tous les jours, je n'ai constaté un tel changement, aussi profond, dans mon état de santé. Mon régime alimentaire est passé à un tout autre niveau, en partie parce que c'est un excellent moyen de consommer les nutriments nécessaires, surtout les minéraux essentiels à l'allaitement. Ses propriétés alcalifiantes et nettoyantes en profondeur sont tout aussi bénéfiques. Ce jus inonde mon système, maintient mon équilibre et m'aide à mieux choisir mes aliments pendant la journée. J'en bois au moins un demi-litre par jour. Il se compose généralement de brocoli, de fenouil (excellent pour la production de lait), de céleri, de concombre et de persil (pour le fer). Rien ne vaut les légumes verts locaux en saison, comme les feuilles de « chou vert », la bette à cardes ou le chou vert ou encore, si vous aimez les aliments sauvages, les feuilles d'ortie et de pissenlit donnent un merveilleux jus. Sous une forme ou une autre, pendant l'allaitement, je n'avais jamais assez de brocoli. J'en consommais environ un kilo par jour. Il fait partie des légumes les plus nutritifs et offre une teneur en calcium et en vitamines B exceptionnellement élevée.

Ne l'oubliez pas ! Vous fournissez les premiers aliments à votre bébé et si votre alimentation est carencée, la sienne le sera également. Pour garantir la bonne santé de votre bébé, il est vital de surcompenser, de consommer le plus possible d'éléments nutritifs plutôt que de prendre des risques. Pour cette raison, les superaliments sont l'unique solution à envisager. Ce sont des végétaux naturels incroyablement concentrés sur le plan nutritionnel, et l'organisme les assimile beaucoup plus facilement que les suppléments artificiels. De nos jours, vous avez le choix d'une énorme variété, mais pour l'allaitement je vous recommande le pollen d'abeille et la maca.

Le pollen d'abeille a un délicieux goût sucré et vous procure de l'énergie instantanément. Vous pouvez en prendre dès que vous commencez à faiblir. C'est un aliment complet, qui contient toutes les vitamines et les minéraux essentiels à l'organisme. Il convient très bien aux mères en raison de sa forte teneur en vitamine B6 et en zinc. La maca est excellente pour équilibrer vos hormones, vous mettre de bonne humeur et tromper votre faim lorsque vous passez la journée assise à allaiter. On l'utilise aussi pour l'endurance et la résistance. C'est une protéine complète. La maca contient de nombreux minéraux et vitamines, y compris le calcium et le zinc.

Je vous conseille également de boire beaucoup d'eau. Vous pourriez être étonnée au départ des quantités que vous devez boire, mais pensez à toutes les heures où vous êtes assise à allaiter, à la quantité de liquide que vous perdez sous forme de lait maternel. Personnellement, j'en buvais quatre litres par jour; un le matin avant le déjeuner, un autre avant le dîner, un autre l'après-midi et un autre avant le coucher. Il est très important de demeurer hydratée pour éviter la fatigue. Je vous suggère d'en prendre au moins trois litres par jour. On ne parle pas beaucoup de l'allaitement parce que tous ne sont pas concernés. Même en éliminant les hommes, la moitié de la population, et les nombreuses femmes qui n'enfantent pas, il reste que beaucoup de femmes qui accouchent ne veulent pas allaiter leur bébé ou en sont incapables. Pourtant, c'est une expérience que la plupart d'entre nous ont vécue comme nouveau-né et de ce fait, il est crucial, car il fournit les fondements physiques de notre développement. La nourriture que nous tirons du placenta et du lait maternel au cours des premières années peut nous assurer une bonne santé pour la vie. Pour moi, il va de soi que toute femme qui a ce grand honneur et porte cette responsabilité doit faire du mieux qu'elle peut pour assurer le bien-être de la prochaine génération.

Les enfants

Nourrir les enfants est un terrain miné, qu'ils soient crudistes ou non. Lorsqu'ils sont très jeunes, il est impossible de savoir ce qu'ils veulent manger et beaucoup de repas finissent à la poubelle, ce qui devient frustrant. Lorsqu'ils vieillissent, ce qu'ils veulent n'est pas toujours ce que nous voulons pour eux ! À titre de crudiste, la situation se complique en raison du manque d'information concrète sur les aliments qui conviennent aux enfants. Il y a déjà tant d'avis différents sur ce qui convient aux adultes. En outre, il n'existe pratiquement aucune recherche sur les besoins particuliers des enfants par rapport aux nôtres. Vous pourriez envisager de sevrer votre enfant avec des fruits, car ils sont faciles à réduire en purée et à digérer. Toutefois, la quantité de sucre pourrait vous inquiéter, alors envisagez plutôt les légumes. Cela dit, les légumes crus sont beaucoup plus difficiles à réduire en purée et leur saveur est beaucoup moins prononcée. Devez-vous ajouter des graisses pour assurer la valeur nutritive ou sont-elles trop concentrées pour les enfants ? Et les craquelins à base de germe ? Conviennent-ils comme amuse-gueules ou sont-ils trop dénaturés pour les délicats palais des bébés ? Si vous écoutez tous les experts, vous finirez par ne rien leur donner du tout, ce qui n'est pas recommandé ! Vous voulez un gros bébé en santé, bien nourri pour montrer à tous les membres de la parenté et aux professionnels de la santé qu'il se développe bien grâce au régime alimentaire que vous avez choisi et que vous êtes une mère responsable.

À mon grand regret, il n'y a pas de réponse simple. J'aimerais pouvoir dire « donnez-leur ceci ou cela » et nous les mères pourrions dormir sur nos deux oreilles pendant la nuit. En fait, les enfants s'appartiennent. Ils ont leurs propres caractéristiques, ils aiment ou n'aiment pas. Quand Reuben est né, j'avais toutes ces idées arrêtées sur la façon dont j'allais le sevrer, son régime alimentaire bien planifié et équilibré. Je lui ferais découvrir progressivement une grande variété d'aliments crus et sains... sauf qu'il n'était pas du tout d'accord. Il refusait résolument tous les aliments que je lui présentais, à moins qu'ils soient cuits. La leçon que j'en ai retenue est que les enfants sont nos miroirs; tout ce que vous mangez pendant que vous les portez influence leurs papilles gustatives, leurs désirs et leurs envies pendant leurs premières années. Reuben aime les aliments cuits parce que j'en mangeais pendant ma grossesse et l'allaitement. Ce n'est pas le cas pour Ethan, mais il aime les sucreries, car je mangeais beaucoup de fruits pendant que je le portais et le nourrissais. En tant que parents nous sommes des modèles de comportement; s'ils voient l'un de nous manger des aliments cuits, à n'en pas douter ils en voudront aussi. Vous ne pouvez établir des normes plus rigoureuses pour vos enfants que pour vous-même. Ça ne fonctionne tout simplement pas. Si vous avez des aliments cuits dans la maison, vous devrez accepter qu'ils en mangent. Par conséquent, comme dans la plupart des situations de la vie courante, tout revient à notre état intérieur. Nous ne pouvons que donner l'exemple avec notre alimentation, et tout comme le soleil se lève chaque matin, ils feront de même, éventuellement.

Ne passez pas votre journée dans la cuisine à essayer de trouver de quoi ils pourraient bien se délecter, sinon la situation deviendra problématique. Si vous les laissez voir que vous faites tout un plat de leur alimentation, ils comprendront rapidement qu'ils peuvent s'en servir pour vous faire marcher. Vous vous exposez à des épreuves de force et à de misérables repas en famille. Ne les affamez pas

avec un régime de raisins et de concombre; les enfants ont besoin d'aliments nourrissants, de réserves en raison de leur croissance rapide. S'il y a un ou deux aliments qu'ils mangent, qui semblent leur convenir, comme les bananes et les avocats, ne vous inquiétez pas. Laissez-les faire. Dans un mois ou deux, ils mangeront autre chose. S'ils refusent tout ce que vous préparez, faites des suppléments de ce que vous avez. La plupart des enfants traversent des périodes pendant lesquelles ils sont chichiteux, où vous aurez l'impression qu'ils ne mangent rien. Pourtant, aucun enfant ne s'affamera volontairement. Il y aura également des périodes où ils engloutiront tout ce qui leur tombe sous la main ! Si vous cédez à leurs caprices et vous leur faites des plats spéciaux, ils persisteront dans cette voie et vous devrez préparer des repas à leur goût, ce qui augmentera votre charge de travail. Il est difficile d'établir un équilibre; s'assurer qu'ils mangent suffisamment sans en faire une histoire. Le truc est vraiment de leur laisser voir que vous aimez vos aliments. Ils finiront par en vouloir. Le secret de l'alimentation saine est de leur servir des petits suppléments qu'ils ne remarqueront pas. Vous pouvez ajouter un certain nombre d'éléments à leur régime qu'ils goûteront à peine, mais qui augmentera leur niveau nutritionnel. Les deux plus importants sont l'eau et l'huile de graines de lin. Je pourrais écrire tout un chapitre sur l'importance d'en consommer suffisamment, mais je me contenterai de dire qu'ils font une énorme différence dans l'humeur, le niveau d'énergie, la capacité d'apprendre et de se concentrer de vos enfants. Peu d'enfants boivent suffisamment d'eau. Chaque fois que les miens ont faim, je leur demande de boire d'abord une tasse d'eau. Nous confondons souvent soif et faim. Parvenus à l'âge de cinq ans, vous pouvez essayer de leur faire boire un litre d'eau par jour et jusqu'à deux lorsqu'ils deviennent adolescents. L'huile de lin est la meilleure source végétalienne d'acides gras essentiels et d'huiles d'omégas 6 et 3. La plupart des huiles de lin sont transformées de façon à conserver leur état brut. Les enfants doivent en prendre au moins une cuillerée à thé par jour, de préférence une cuillerée à soupe. On peut également trouver ces éléments dans les graines de lin et de chanvre, mais l'organisme a beaucoup plus de difficulté à les absorber. Si vos enfants refusent l'huile de lin, vous pouvez l'utiliser pour les masser. Ils l'absorberont par la peau. L'huile de lin contient de la lécithine (phosphatidylcholine) qui contribue au développement du cerveau et à l'émulsification des graisses, ce qui permet à l'organisme de mieux absorber les acides gras essentiels.

Je suis également une fervente adepte des superaliments. Actuellement, notre sol est tellement appauvri que même si nous mangeons des aliments biologiques, la teneur en nutriments demeure plus faible qu'elle l'était il y a 50 ans. Les superaliments sont très précieux pour les enfants capricieux. Ils servent de « filet de sécurité », car avec eux, vous savez qu'au moins ils ont mangé quelque chose de décent les jours où ils ne veulent rien avaler. Le pollen d'abeille et l'algue bleu-vert du lac Klamath sont des sources alimentaires naturelles qui contiennent tout ce dont le corps a besoin pour vivre. Les enfants n'ont besoin que d'infimes quantités, ce qui est donc peu coûteux; une demi-cuillerée à thé par jour seulement, sinon ils seront agités et incapables de dormir. Les légumes de mer sont les aliments les plus riches en minéraux et vous avez le choix d'une grande variété. Pour le dîner, nous avons la poudre de varech (seulement une demi-cuillerée à thé pour les enfants) et une salade de légumes de mer de l'Atlantique Clearspring ou des flocons de nori et des flocons de levure nutritionnelle qui n'est pas crue, mais constitue une excellente source de vitamines B et dont le goût plaît aux enfants. Pour le souper, je garnis souvent la salade des enfants d'aramé (ou de « vers » !). Ils aiment beaucoup les feuilles de nori et trouvent amusant de manger du papier. D'ailleurs, j'aimais le papier de riz étant enfant. Il est amusant de faire quelques pâtés savoureux, de les disposer sur la table avec quelques germes et de les laisser fabriquer leurs propres poupées de nori.

Sur le même sujet, les craquants aux tomates (voir *Certains l'aiment cru*) sont également à l'honneur dans notre famille. Nous les mangeons tartinés de beurre en sandwich de deux. Pendant des années, les pâtes étaient les favorites des enfants. Je cuisais de la pâte de riz ou de maïs que je noyais dans la sauce crue pour pâtes (p. 162). Ils sont heureux parce que je leur sers des pâtes pour souper; je suis heureuse parce qu'ils mangent des tomates, du céleri, des carottes et de l'avocat. Heureusement, je les ai sevrés des soupers cuits, mais je me suis beaucoup servie de ce truc par le passé. Ils croient manger un souper chaud alors que vous savez qu'ils consomment leur quota d'aliments crus. J'avais l'habitude de préparer de la soupe en cuisant des pommes de terre et des oignons et en ajoutant quelques légumes crus, du beurre d'amandes et en mélangeant le tout. Vous pouvez faire la même chose avec du riz, du millet et des lentilles. Cuisez-les normalement et une fois cuits, ajoutez des légumes, du varech et du beurre de noix, tout ce que vous pouvez leur faire manger à leur insu. L'échange fonctionne également très bien s'ils veulent des aliments cuits. Concluez un marché avec eux : « si tu manges une carotte, tu peux avoir une galette de riz »; « si tu manges une banane, tu peux avoir du yogourt ». S'ils mangent tout leur souper, ils peuvent avoir une gâterie, comme une datte ou un autre aliment sain sucré. Ce système est fantastique, car il évite les disputes. Ils ne sont pas obligés de vous obéir, mais s'ils ne le font pas, ils n'obtiendront pas ce qu'ils veulent. C'est simple et j'ai obtenu de bons résultats.

La plupart des enfants préféreront les fruits aux légumes. Vous devez donc les encourager à délaisser les aliments très sucrés au profit des légumes-feuilles. Essayez de faire en sorte qu'ils mangent autant de fruits que de légumes. Si vous les laissez aller à leur penchant, vous favorisez leur goût du sucré et les sautes d'humeur dont vous n'avez certainement pas besoin chez un enfant de deux ans ou un adolescent. Il vaut mieux qu'ils mangent des légumes légèrement cuits que pas du tout. Les légumes, comme le chou vert et le brocoli, cuits à la vapeur ou sautés pendant quelques minutes pour les ramollir un peu, sont fantastiques couverts de sauce crémeuse aux noix. Évitez les fruits séchés en trop grande quantité, car ils peuvent causer des caries dentaires. Une bonne façon de commencer la journée est de prendre une boisson fouettée. Les enfants plus âgés prennent plaisir à la préparer et en sont fiers. Ils peuvent inventer leurs recettes : une banane, quelques fruits en saison, leur beurre de noix préféré ou de l'huile de lin et une tasse d'eau pour mélanger le tout. Nous aimons beaucoup la crème glacée aux bananes : des bananes pelées en morceaux, congelées pendant 12 heures et transformées, de préférence dans un extracteur de jus, mais un robot culinaire ou un mélangeur Vitamix convient également. Nous en avons mangé tous les matins un été, n'est-ce pas fantastique ? De la crème glacée pour déjeuner ! Pendant l'une de ses périodes chichiteuses, Ethan mangeait du pouding au chocolat avec de l'huile de lin et des algues bleu-vert tous les midis. Qui peut le blâmer ? Je devais parfois m'empêcher de vider le plat très souvent.

Les fêtes d'enfants

Noël n'arrive qu'une fois par année, mais les anniversaires arrivent une fois, deux fois ou plus souvent, selon la taille de votre famille. Au départ, fournir la nourriture pour une fête d'enfants peut paraître un cauchemar pour tout crudiste. La possibilité de conflits au sujet de la malbouffe est énorme. Au début, je m'inquiétais beaucoup en essayant de préparer un festin qui plairait à tous. Bien sûr, on ne peut pas faire plaisir à tout le monde tout le temps, et malgré tous mes efforts, je n'y suis jamais parvenue. Le plus gros problème était que plus j'y mettais du mien, plus j'étais déçue quand les gens n'aimaient pas, ou même pire, ne mangeaient même pas mes créations culinaires crues. Si j'offrais des aliments sains crus, comme des galettes de riz ou des biscuits végétaliens, j'étais contrariée quand mes enfants ne mangeaient rien d'autre, alors que leurs cousins, habitués à la malbouffe, n'y touchaient pas du tout. Selon mon expérience, les enfants ne s'intéressent pas vraiment à la nourriture pendant ces fêtes. Ils veulent courir, faire du bruit et du désordre et ont beaucoup trop d'énergie pour s'asseoir et prendre vraiment le temps de manger quoi que ce soit. En général, vous en préparez beaucoup plus qu'il n'en faut. Par exemple, pour le dernier anniversaire d'Ethan, je préparais des trempettes et il ne me restait que deux carottes pour cinq enfants et trois adultes. Alors qu'auparavant, j'aurais envoyé Chris faire des courses d'urgence dans les magasins, j'ai tout simplement utilisé ce que j'avais et devinez ? Il y avait des restes à la fin de la fête.

L'idée est d'opter pour la simplicité. N'essayez pas trop d'impressionner les gens avec votre cuisine gourmet crue, car personne ne s'en soucie à ce point. En règle générale, ne servez rien que vos enfants ne puissent manger à volonté. Le milieu d'une fête n'est pas le moment de se disputer à propos de la nourriture. Il serait radin de limiter ce qu'ils peuvent manger. Ils doivent sentir qu'ils peuvent s'empiffrer. Par conséquent, ne sortez pas vos galettes de riz, à moins que vous n'ayez pas d'objection à ce qu'ils ne mangent rien d'autre. Si les enfants plus âgés tiennent absolument à manger des craquants, des saucisses végétariennes ou ce qu'on leur a déjà servi à la fête d'un de leurs amis, achetez-en suffisamment pour que chacun ait sa part, sans excès. Toutefois, si vous arrivez à vous en sortir, ne servez rien du genre. Vous pouvez parier qu'en offrant un gros bol de craquants et un gros bol de bâtonnets de carotte, tous les craquants disparaîtront et personne ne touchera aux carottes. Tenez-vous-en au strict minimum. Avec une trempette vous ne pouvez pas vous tromper. Les bâtonnets de poivron jaune, orange et rouge, de carotte, de concombre et le brocoli sont les plus populaires pour les trempettes. Le céleri est toujours laissé de côté. Préparez quelques trempettes, comme le hoummos cru, le ketchup de tomates (oui, vraiment, la recette de *Certains l'aiment cru* est délicieuse) ou le beurre de sésame; une trempette à base

de légumes et une autre à base de noix, pour la variété. Les biscuits en forme de feu de circulation ont toujours du succès. Disposez-les sur chacune des assiettes avant que les enfants s'assoient pour démarrer la fête. Remplacez les croustilles frites, grasses et salées, par des craquants aux tomates. S'il y a des adultes, préparez une salade verte. Cela devrait suffire. Personnellement, j'éviterais les desserts. Un groupe d'enfants n'a pas besoin d'encouragements pour s'amuser et faire du désordre. Trop de sucre et inévitablement, il y aura des larmes. Vous n'avez besoin que d'un bol de fruits où ils peuvent prendre des raisins, des pommes, des oranges ou des bananes. Si vous êtes enthousiaste, vous pouvez préparer des friandises avec des noix et ou quelques biscuits déshydratés. Pour l'anniversaire de Reuben, nous avons préparé un mélange à biscuits avec du gruau d'avoine et un peu de blé germé. Vous pouvez utiliser la recette de crêpe de la page 226 et ajouter un peu d'eau. Quatre cuillerées à soupe devraient suffire pour faire une pâte à biscuits. À l'aide d'une cuiller, placez la pâte dans de petits moules en papier. Une fois déshydratés le jour suivant, nous avons préparé un glaçage à la caroube et placé un raisin Lexia sur chaque biscuit comme décoration. Vous pouvez aussi essayer la gelée et la crème glacée. Elles sont délicieuses, sauf pour les enfants habitués aux produits laitiers, au sucre, etc., qui les trouveront trop fades et n'apprécieront pas vos efforts. Utilisez des bananes congelées pour la crème glacée, et de la gélose, du jus ou du psyllium et de la purée de fruits pour la gelée. Pour éviter les dégâts, faites asseoir les enfants à table avant de manger.

Les enfants aiment aussi les petits kebabs de fruits (p. 202). Achetez un paquet de bâtonnets à cocktail et assemblez vos kebabs avec un choix de fruits secs et frais. Préparez-les juste au moment de les servir, dans la mesure du possible, pour éviter qu'ils brunissent et ne soient plus appétissants. Demandez à vos enfants de vous aider à enfiler quatre ou cinq fruits sur les bâtonnets. Les possibilités sont illimitées, mais de préférence, utilisez à la fois des fruits secs et frais. Pour une raison quelconque, les enfants aiment beaucoup ces petits bâtonnets et ils ont autant de plaisir à les préparer qu'à les manger. Si les dégâts ne vous ennuient pas, préparez une sauce à la caroube ou une crème de noix de cajou comme trempette. Il est préférable de conserver votre énergie pour le gâteau d'anniversaire, votre pièce de résistance et celui dont tout le monde se souviendra. S'il y a beaucoup d'enfants qui ne sont pas habitués aux aliments crus, la tarte aux fruits est le choix infaillible. Préparez la croûte avec des quantités égales de dattes et d'amandes et garnissez-la de n'importe quel fruit en saison. L'hiver, vous pouvez couper des pommes et des poires en tranches très minces et en remplir la croûte.

L'été, vous pouvez utiliser un choix de baies : mûres, fraises, framboises et bleuets. Vous pouvez aussi essayer une combinaison de fruits exotiques, comme les mangues et les kiwis, deux fruits très populaires auprès des enfants. Un autre petit conseil, servez toujours de petites portions de gâteau. Je trouve très désolant de voir ma merveilleuse création laissée de côté après que les enfants en eurent pris quelques bouchées et eurent éparpillé le reste dans l'assiette. Ils peuvent toujours en redemander une deuxième, une troisième et même une quatrième fois ! Psychologiquement, vos enfants se sentiront beaucoup plus gâtés si vous leur servez trois petites parts de gâteau plutôt qu'une grosse.

Enfin, si vous invitez les grand-mères et les tantes, qui ne peuvent tout simplement pas vivre sans leurs sandwichs au fromage, demandez à une parente spéciale, qui aime recevoir, si elle peut apporter un plat à partager entre tous. La plupart des gens préféreront cette solution plutôt que d'avoir faim (ou de manger vos crudités). Si la diplomatie est de mise, expliquez simplement que vous préparerez beaucoup de plats, mais qu'ils sont différents de ce que vous mangez habituellement, et qu'ils peuvent apporter leur plat préféré s'ils en ont envie (et peut-être quelques sachets de thé) au cas où ils aimeraient mieux manger autre chose.

Échantillon de menu

Biscuits en forme de feu de circulation

Craquants aux tomates

Trempette de beurre de sésame

Ketchup aux tomates

Bâtonnets de poivron, de carotte et de concombre

Salade de légumes-feuilles

Gâteau d'anniversaire

Crème glacée et gelée

Friandises

Crêpes

Kebabs de fruits et sauce à la caroube

Les maris

Lorsque j'ai rencontré mon premier mari, Chris, il était végétarien. En cinq ans il est devenu crudiste à 90 %. Au début, il refusait de manger une salade au souper, car selon lui, ce n'était pas un plat assez consistant. Je me rappelle clairement le jour où j'avais prévu des pommes de terre nouvelles comme accompagnement au souper. Il m'a dit : « Je préférerais quelque chose de cru. » Que s'est-il donc passé pendant ces cinq ans ? L'ai-je harcelé, tarabusté, houspillé pour qu'il devienne crudiste ? Peut-être un peu, mais chacun devient crudiste à sa façon. La beauté des aliments crus réside dans le fait qu'eux-mêmes sont les meilleurs professeurs.

De nombreuses femmes de mon entourage qui sont devenues crudistes après avoir élevé leur famille parlent de la résistance de leur mari aux aliments crus comme le plus gros obstacle à surmonter. Si l'on est mal informé, il est facile de rejeter ce régime alimentaire comme toute autre diète en vogue. Il n'y a aucune raison d'abandonner tous les goûts favoris auxquels on est accoutumé. Les femmes continuent donc à préparer des plats cuits pour leur homme. Par contre, si vous êtes comme moi, il vous est impossible de ne pas goûter à une recette que vous préparez (simplement pour vérifier les saveurs, bien sûr !) et si vous avez faim, si vous êtes tendue, occupée et fatiguée, il est facile de vous faire prendre quelques bouchées, ou même un souper complet. Facilitez-vous la vie. À tout le moins, vous devez lui montrer qu'il peut manger des aliments crus et qu'il y prendra plaisir. Les hommes n'aiment pas être houspillés. Si vous voulez qu'il adhère à l'alimentation crue, il doit avoir l'impression que c'est son choix, qu'il le fait parce que c'est vraiment ce qu'il veut faire. Il résistera et se rebellera s'il croit que vous essayez (littéralement) de lui faire avaler les aliments crus. Aucune personne n'adoptera ce régime si elle n'y croit pas vraiment. Laissez quelques livres crudistes à sa portée pour qu'il les lise : *Manger tout cru !* de Juliano si vous croyez qu'il se laissera tenter par les photos alléchantes ou *Conscious Eating* de Gabriel Cousens s'il est plus influencé par les faits scientifiques. Demandez-lui d'assister à une conférence de David Wolfe ou de Shazzie, des conférenciers très inspirants. S'il ne vous écoute vraiment pas, communiquez avec l'un des nombreux crudistes qui offrent des consultations et qui peuvent atténuer ses doutes. Assurez-vous de lui présenter un vaste choix en quantité suffisante pour le satisfaire, sinon il se tournera vers les aliments cuits et reprendra ses vieilles habitudes. Préparez des versions crues de ses mets cuits préférés. Si vous le pouvez, procurez-vous un déshydrateur. Il est difficile de faire le passage du cuit au cru pour une famille sans cet appareil.

Mon déshydrateur est en marche environ trois jours par semaine pour les biscuits, les gâteaux, les craquelins, les craquants, les burgers, les pains, etc. Ces gâteries crues faites de graines germées, comme l'avoine, le sarrasin, le blé, le seigle et l'épeautre, sont très satisfaisantes comme solution de rechange aux gâteaux et aux biscuits classiques. Lorsque les graines sont moulues en farine et cuites, le gluten qu'elles contiennent les rend difficiles à digérer et perturbe la glycémie. La germination libère les enzymes qui transforment les amidons en sucres plus faciles à digérer et augmentent la valeur nutritive. Espérons qu'à ce stade, votre mari apprécie la logique de votre régime, même s'il n'est pas encore assez enthousiaste pour l'essayer lui-même. Selon mon expérience, la meilleure façon de procéder est le compromis. Tous les soirs pour le souper, préparez un plat cuit et un plat cru. Prenez une bonne portion du plat cru (et une petite portion du plat cuit si vous le désirez) et laissez-le manger ses aliments cuits, accompagnés d'un peu d'aliments crus. Préparez quelque chose qui a vraiment du goût, mais ne lui en donnez qu'une petite portion; laissez-le sur sa faim. Progressivement, au fil des semaines et des mois, augmentez sa portion jusqu'au jour où vous pourrez abandonner complètement le plat cuit.

Avec Chris, je n'avais pas besoin de vanter les mérites des aliments crus, car il en voyait déjà les avantages. Les aliments cuits ont la réputation de créer une dépendance. C'est un fait et cette dépendance est la plus difficile à combattre. Des recherches récentes de l'Université du Wisconsin révèlent que la malbouffe modifie la biochimie du cerveau en entraînant des effets semblables à ceux de la morphine, de la nicotine ou de l'héroïne ! Pourtant, nous pouvons devenir accro aux aliments crus. Les jours où nous avons l'impression d'être légers comme une plume, débordants d'énergie et que nous sommes certains que rien n'arrive sans bonne raison; quand tout va mal, ce sentiment crée une dépendance. Il y a quelques années Chris et moi avons assisté à une réception. Il y avait beaucoup d'aliments crus, mais aussi beaucoup de gâteaux végétaliens et de crème glacée. Chris a mangé beaucoup de gâteau, mais ça ne me disait rien. Je savais qu'il aurait une gueule de bois le lendemain et il savait lui-même qu'il ne voulait pas d'une femme qui fait cuire ses aliments ! Votre seule option est de guider doucement votre mari et d'espérer, s'il a un peu de bon sens, qu'il adoptera votre régime en peu de temps et qu'il sera même un plus fervent adepte que vous-même. Si vous êtes un homme crudiste et qu'en lisant ce livre vous vous demandez : « Et moi ? » Je vous réponds : « Wow ! Votre femme est chanceuse ! » Il y a beaucoup de femmes crudistes qui sont incapables de trouver un homme qui se soucie de son corps autant qu'elles. Si vous êtes déjà dans une relation, votre partenaire est très chanceuse d'être avec quelqu'un d'aussi branché. Si vous êtes seul, il y a plusieurs déesses de l'alimentation crue à votre portée.

Les aphrodisiaques

L'opinion publique évolue au sujet de l'alimentation crue. Il y a quelques années, lorsque je mentionnais que j'étais crudiste, la question qu'on me posait le plus souvent était : « Qu'est-ce que tu manges ? » Lorsque je répondais que nous avions soupé avec des burgers, des pâtes, des sushis, sans parler des gâteaux, des poudings et de la crème glacée, les gens étaient abasourdis. La croyance commune était que nous subsistions avec des pommes et de la laitue à peu de choses près. Une femme est venue à un atelier pour en savoir plus et elle a déclaré : « Je croyais qu'on allait m'apprendre les 10 façons de peler une banane. » Pourtant, l'heure des aliments crus a sonné et grâce aux douzaines d'excellents livres de recettes sur l'alimentation crue et aux sites Internet, les gens voient l'intérêt de ce régime et à quel point il peut être varié.

Observez n'importe quelle personne qui a suivi un régime crudiste régulièrement pendant quelques années ou plus, qui s'est détoxifiée et a expulsé quelques démons intérieurs, s'est débarrassée de quelques cellules mortes et est sur la voie d'une santé optimale. Voyez comment elle est resplendissante et déborde de vitalité, le bien-être intérieur qu'elle dégage. Aucun produit de beauté ne peut produire de tels résultats. Voyez comme elle est bien dans sa peau, avec un naturel incroyablement attirant. Elle est parfaitement en possession de ses moyens, son aura est plus brillante que jamais. Sa présence est réparatrice et encourageante. Visionnez quelques films au sujet des crudistes sur YouTube, et vous comprendrez ce que je veux dire.

Comment obtenir une partie de ce charisme pour vous-même ? Tout d'abord, vous devez savoir que cela demande des années. Il n'est pas difficile d'être crudiste pendant une courte période, mais si vous voulez en récolter tous les bienfaits, suivez ce régime année après année et vous serez étonnée à mesure que votre vraie personnalité se révélera dans toute sa splendeur ! C'est un processus très libérateur qui vous fera voir la vie différemment. En plus des changements dans l'alimentation, il comprend des exercices réguliers, des thérapies holistiques, des techniques de nettoyage utiles et surtout, une prise de conscience. L'alimentation crue, la voie naturelle en est une d'affirmation, d'abondance, de joie et de vitalité. Elle ne fonctionnera que si vous nourrissez aussi bien votre esprit que votre corps avec des aliments de première qualité, que vous persistez à mettre l'accent sur le positif et que vous essayez en tout temps d'améliorer le monde dans lequel nous vivons, guérissant ainsi notre merveilleuse planète. Honnêtement, rien n'est plus séduisant que la certitude intérieure que vous suivez votre voie, que vous vivez vraiment selon votre cœur et que vous accomplissez votre mission qui consiste à créer un monde plus paisible et plus aimant. Plus vous êtes proche de la nature, plus vous êtes à l'écoute de votre corps et de la planète, plus vous dégagez une énergie sauvage, féconde et libératrice qui suscite la curiosité des gens et les attire à vous. Donc, vous avez été à l'écoute de votre corps, vous avez énergisé votre vie et vous avez attiré un délicieux partenaire, de quoi allez-vous le nourrir ? Préparer un plat est toujours un bon départ. La préparation des aliments crus est toujours très sensuelle. Relevez vos manches et attelez-vous à la tâche ! Utilisez vos mains pour mélanger la salade; vos doigts pour racler le pichet. Massez vraiment ce chou vert, pétrissez cette pâte à biscuits crue et fouettez cette crème de noix de cajou. Beaucoup de léchage de doigts en se nourrissant l'un et l'autre à la cuiller fait des merveilles pour la libido.

La **maca** est l'aliment le plus aphrodisiaque. Son goût de malt n'est pas désagréable. Vous pouvez l'ajouter facilement à la plupart des mets sucrés. Essayez-la dans votre gruau ou votre yogourt, saupoudrez-la sur vos céréales, ajoutez-la à vos boissons fouettées et à vos poudings aux fruits ou faites-en une tartinade pour garnir votre pain de graines germées et vos craquelins déshydratés. Une recette estivale simple consiste à mélanger une cuillerée à soupe de maca avec un petit panier de fraises, une banane et une goutte d'édulcorant naturel, comme le nectar d'agave. Elle est exceptionnelle pour donner un supplément d'énergie et de résistance. Elle procure un regain d'énergie calme, durable et localisé et son action puissante dans le rétablissement de l'équilibre hormonal, et donc de la libido naturelle du corps.

Tout le monde aime le **chocolat**, mais attendez de le goûter dans sa forme brute. Vous en serez époustouflée ! Il contient des composés chimiques naturels qui augmentent les niveaux de sérotonine et produit un réel état d'euphorie naturelle. Bien sûr, il aide le corps à produire des hormones qui augmentent le mieux-être physique, un excellent aphrodisiaque naturel. Essayez l'une des sublimes tablettes de chocolat brut qui commencent à se vendre dans les magasins de produits alimentaires biologiques. Ce chocolat ne contient aucun sucre, blé ou lait. Mieux encore, procurez-vous quelques grains de cacao et fabriquez votre propre chocolat, c'est une vraie thérapie ! Les arômes et les textures sont incroyablement sensuels et très toniques. Ajoutez un peu de maca au mélange et voilà ! Un plaisir assuré.

Vous préférez peut-être les bonnes-bouches ? Les collations favorites des crudistes sont les **rouleaux de nori**. Procurez-vous quelques feuilles de nori (pas les feuilles grillées) et garnissez-les de trempettes crémeuses, comme les graines de chanvre, le hoummos, la mayonnaise aux amandes ou le cacaomole (guacamole avec un supplément de chocolat, vraiment, ça fonctionne). Saupoudrez quelques herbes fraîches et des légumes-feuilles locaux, comme la roquette et les épinards, en alternant avec une couche de germes de luzerne et roulez la feuille. Partagez le rouleau avec votre partenaire, aux deux extrémités. Regorgeant de minéraux, ce type d'aliment redonne des forces. Pour une raison ou une autre, les morceaux d'avocats qui débordent de votre bouche et coulent sur votre menton ont quelque chose de très séduisant. Les rouleaux de nori ne peuvent être mangés poliment. Vous devez vous laisser aller. Ça fait partie du plaisir. L'un des aphrodisiaques les plus simples et les plus efficaces est une bonne vieille **bière**. Certaines herbes sont utilisées depuis des siècles pour leurs propriétés réconfortantes et revitalisantes. Une tasse de tisane après le souper vous mènera directement vers la chambre à coucher, si vous y parvenez… Essayez l'un des mélanges commerciaux sur le marché ou recherchez des herbes, comme la yohimbe, la damiana ou l'épitonine (Sida cordifolia).

Maintenant, excusez-moi. Tout ça m'a donné envie de me trouver un bel homme crudiste qui a suffisamment d'énergie et de résistance pour y passer la nuit et se lever le matin pour me combler de fruits exotiques et de jus frais, ou même d'un peu plus de chocolat…

Les superaliments

J'aime les superaliments. J'en mange tous les jours depuis près de 20 ans. J'ignore comment je pourrais survivre sans eux. Bien sûr, je serais toujours en vie, mais je crois pouvoir affirmer catégoriquement que je ne serais pas aussi heureuse et énergique. Ma vie ne serait pas aussi joyeuse et opulente. Ils me procurent cet avantage, ce dynamisme qui m'aide à répondre aux demandes de la maternité et même à mes besoins personnels. Pendant que j'allaitais, j'étais certaine de pourvoir à mes besoins nutritionnels élevés. Lorsque mes enfants étaient chichiteux et repoussaient les légumes verts sur leur assiette, j'étais certaine qu'ils consommeraient leurs légumes d'une façon ou d'une autre.

Même si la plupart des gens ont entendu parler des superaliments, une certaine confusion entoure la signification du terme. Je les classe comme aliments végétaux naturels d'une valeur nutritive exceptionnellement élevée et qui, ainsi, fournissent au corps un regain d'énergie. Le brocoli et les bleuets ne sont pas des superaliments. Ce sont des choix très sains, mais ils n'offrent pas la forte concentration et la vitalité des vrais superaliments. Ceux-ci peuvent vraiment vous transformer en « superhumain ». Comme ils regorgent de tous les minéraux, vitamines, acides aminés, enzymes, acides gras et plus encore, une petite quantité suffit pour un bon bout de temps. La digestion est beaucoup plus facile.

S'ils sont pris correctement, et si l'on est en bonne santé, l'organisme les absorbe et les assimile facilement, ce qui lui procure de l'énergie instantanée. Les superaliments sont généralement supérieurs aux suppléments, car ils constituent littéralement des aliments complets. Les aliments végétaux naturels, simplement séchés ou pulvérisés, envoient au corps un message fort et clair plus que tout produit synthétisé en laboratoire ou isolé chimiquement. C'est l'une des raisons pour lesquelles les superaliments gagnent en popularité aussi rapidement. Vous remarquerez et vous ressentirez vraiment une différence en les prenant.

De nombreux superaliments proviennent de régions pauvres, isolées, mais inaltérées, comme le Pérou et le Tibet. Ils sont bien connus dans leur pays d'origine où les peuples indigènes en mangent depuis des siècles, avant que personne n'ait étudié scientifiquement leurs avantages et leurs propriétés sur le plan nutritionnel. Avec la demande croissante pour les aliments sains en Occident et comme le marché de détail des produits alimentaires biologiques est l'un des plus florissants, un grand nombre de recherches portent sur le développement de nouveaux produits. On découvre un nombre étonnant de nouveaux aliments qui sont offerts. Vous pouvez donc continuer à lire et penser que vous n'avez jamais entendu parler de ces aliments ! La raison est simple. Beaucoup d'entre eux ne sont facilement accessibles que depuis un an ou deux, et même plus récemment. La nouvelle de leurs bienfaits pour la santé se transmet rapidement. Vous pouvez parier que vous verrez bientôt des baies du lyciet à côté des emballages de Maltesers ou Whoopers (bonbons de lait malté) dans les supermarchés.

Les superaliments les plus connus sont les algues (spiruline, algues bleu-vert du lac Klamath, chlorelle), le pollen d'abeille et l'aloès vrai. L'agropyre est largement reconnu pour son action bénéfique pour la santé, mais les gens sont moins susceptibles d'en prendre régulièrement, car idéalement, il est consommé sous forme de jus frais. D'autres, plus nouveaux, sont connus depuis quelques années, comme le cacao, la maca et les baies du lyciet. Encore plus nouveaux, le ginseng du Brésil (Pfaffia paniculata) le camu camu, le maïs rouge, le jus de noni, le Crystal Manna et bien d'autres. Essentiellement, je dirais que le vieux dicton est vrai : « Vous en avez pour votre argent. » Si une marque est moins dispendieuse qu'une autre, ses ingrédients sont probablement de moins bonne qualité et elle contient des agents de remplissage. En général, tous ces mélanges sont relativement coûteux, sans être optimaux, car ils ont subi une plus grande transformation. Un grand nombre de ces produits contiennent beaucoup d'ingrédients différents qui peuvent submerger l'organisme en le bombardant de messages complexes. Aucun superaliment n'est nocif. Ils peuvent tous être utiles, certains plus que d'autres.

Il est très ardu de comparer les différentes quantités de superaliments que nous utilisons. C'est un peu comme comparer une carotte à un panais ou à un chou. Ils ont leurs propres caractéristiques distinctives, de sorte que les gens peuvent avoir un aliment en aversion et vraiment en aimer un autre. Il est également difficile de prédire la bonne dose. Il est toujours préférable de commencer par une petite quantité, par exemple une cuillerée à thé, au moins les premiers jours. Vous remarquerez peut-être une réaction immédiate, que vous aimerez. Dans ce cas, augmentez la dose ! Si vous ne remarquez rien, vous devez probablement augmenter la quantité. Allez-y progressivement jusqu'à ce que vous commenciez à en ressentir les effets. Si vous remarquez une réaction de détoxification, comme un vieux symptôme qui réapparaît, des taches ou des maux de ventre, ce n'est que l'organisme qui retrouve son équilibre. Dans ce cas, poursuivez avec une dose minimale de maintien et après quelques jours, votre organisme sera quelque peu assaini et vous vous sentirez beaucoup mieux.

Les **algues** constituent la plus ancienne forme de vie sur terre : l'aliment primordial. Quand nous mangeons des algues, nous sommes branchés à cette énergie très ancienne, profondément curative, mais délicate. C'est un bon choix pour commencer. Il existe trois classes d'algues faciles à trouver : la spiruline, l'algue bleu-vert du lac Klamath et la chlorelle. La spiruline est la meilleure source de protéines, mais la valeur nutritive de l'algue bleu-vert est supérieure dans l'ensemble. Le lac Klamath se trouve en Oregon. C'est un piège à nutriments et l'algue qui y pousse est l'un des meilleurs aliments dont nous disposons. Elle est complète sur le plan nutritionnel, ce qui signifie qu'elle contient absolument tous les nutriments dont le corps a besoin. En outre, elle se trouve dans un rapport idéal en ce qui a trait à la biodisponibilité. Si vous deviez vous asseoir et concevoir l'aliment parfait, l'algue bleu-vert serait difficile à surpasser.

Le **pollen d'abeille** est également un aliment complet. Si vous êtes échouée sur une île déserte et vous n'avez que de l'eau et du pollen d'abeille, en principe, vous avez tout ce dont vous avez besoin (bien qu'à ma connaissance, personne n'ait jamais tenté l'expérience !). Le pollen d'abeille est quelque peu une erreur de nom, car bien qu'il soit recueilli par les abeilles sur leurs pattes, il provient des fleurs. Il est excellent pour les enfants en raison de son goût naturellement sucré, comme celui du miel. Mes enfants en mettent sur leurs céréales tous les matins. Il est très énergisant les jours où vous avez des tas de courses à faire avant d'aller chercher les enfants à l'école et où vous n'arrêtez pas de la journée.

L'**aloès** vrai provient d'un cactus et on le boit habituellement comme un jus. Sa qualité sur le marché varie beaucoup. Si son goût ressemble beaucoup à celui de l'eau, c'est probablement le cas. L'aloès est une plante vraiment étonnante. En plus de sa valeur nutritive, elle a des propriétés antivirales et antimicrobiennes. C'est également un analgésique naturel.

Une grande partie des recherches sur l'aloès est effectuée à l'heure actuelle en raison de ses effets bénéfiques dans les problèmes de peau, comme l'eczéma et le psoriasis, les problèmes d'intestin, comme le syndrome du côlon irritable et la colite. Beaucoup de personnes qui souffrent de troubles immunitaires allant de l'asthme au lupus et au cancer en prennent parce qu'il renforce le système immunitaire. Mais ce n'est pas tout. L'aloès est populaire auprès des personnes qui souffrent de problèmes d'articulation, en particulier les sportifs et les personnes âgées.

L'**agropyre** arrive en tête de liste grâce à ses propriétés détoxifiantes et nettoyantes, en raison de sa teneur exceptionnellement élevée en chlorophylle, dont la composition est très semblable au sang humain. On peut parler de sang végétal et à ce titre, il est très curatif. Il est plus efficace sous forme de jus frais. Vous avez donc besoin d'un extracteur de jus de bonne qualité ou encore, vous pouvez vous en procurer dans de nombreuses juteries. Les versions en poudre ne se comparent pas vraiment. C'est l'aliment le plus puissant que vous pouvez trouver. Il est excellent pour maintenir la glycémie et on l'utilise pour traiter des maladies graves, comme le cancer et le diabète.

Le **cacao** est reconnu comme l'aliment des dieux. En provenance de l'Amérique du Sud, les fèves constituent les solides de cacao. Il s'agit donc littéralement de chocolat brut. C'est l'une des sources les plus riches en magnésium et en soufre alimentaires. Il contient un nombre impressionnant d'antioxydants et regorge d'éléments chimiques naturels qui stimulent l'humeur et augmente le niveau d'énergie tout en provoquant un sentiment d'euphorie naturelle. En outre, contrairement à l'agropyre, il a un goût merveilleux. C'est une gâterie sucrée de luxe dont vous pouvez vous goinfrer et vous sentir dans les nuages par la suite… le rêve de chaque femme !

La **maca** est un légume-racine péruvien que l'on retrouve le plus couramment sous forme de poudre. C'est une excellente source de protéines et de minéraux, comme le calcium et le fer. Il aide à équilibrer les hormones et il est donc excellent pour le syndrome prémenstruel, comme traitement hormonal substitutif et pour traiter l'ostéoporose. C'est également le meilleur superaliment pour les femmes enceintes et celles qui allaitent, car il leur procure un regain d'énergie et une meilleure résistance. C'est même un aphrodisiaque naturel, donc il contribue à la conception.

Les **baies du lyciet** sont peut-être le superaliment le plus accessible. Elles proviennent de l'un des endroits les plus purs sur la terre, les montagnes de l'Himalaya. C'est le fruit le plus nutritif de la planète. Elles sont offertes séchées, comme des raisins, mais leur goût est bien meilleur. Elles contiennent tous les acides aminés essentiels et constituent donc une excellente source de protéines. C'est l'une des sources naturelles les plus riches en bêta-carotène et en vitamine C. Les enfants les aiment beaucoup.

Nous en mangeons toute la journée : dans nos céréales le matin; dans les mélanges montagnards, dans les boissons fouettées, les poudings, les gâteaux, les salades ou simplement natures. En Chine, on dit que leur seul effet secondaire d'en manger en excès est de trop rire.

J'espère que cette introduction au monde irrésistible des superaliments a aiguisé votre appétit. Parmi tous ceux que vous pouvez essayer, il y en a certainement quelques-uns que vous pourrez intégrer facilement à votre régime alimentaire existant. Ils sont incontestablement bénéfiques et je crois vraiment qu'ils offrent quelque chose de merveilleux pour chacun.

Les techniques de soutien

Manger cru n'est en aucun cas la panacée pour être en bonne santé. Un grand nombre de crudistes en mauvaise santé attestent ce fait. Beaucoup s'adonnent à ce régime à cent pour cent et après une année ou deux, ils affirment que c'est impossible parce qu'ils n'obtiennent pas de résultats. Très souvent, les gens qui suivent ce régime se sentent dans une meilleure forme pendant les premiers mois que depuis bien des années. Toutefois, si l'alimentation crue ne fait pas partie de l'ensemble d'un style de vie, il est impossible de s'y tenir. C'est pourquoi j'estime qu'il est important de maintenir un équilibre au départ, de considérer l'alimentation crudiste comme un objectif à long terme, à réaliser en 5 ou 10 ans. Bien sûr, il y a quelques exceptions, mais généralement, personne ne parvient à respecter un régime entièrement cru. Les problèmes surviennent parfois assez rapidement; parfois il faut quelques années pour que les problèmes longtemps niés ressurgissent.

Le principal facteur est l'état d'esprit. Quel est votre niveau de conscience ? Les aliments crus sont pleins de vitalité; nous nous sentons plus en vie que jamais et nous vivons le moment présent. Nous accueillons cet état naturel de joie, d'amour et d'abondance qui est notre droit acquis. Il est pourtant très difficile d'entretenir cette vibration dans notre culture. Les aliments crus ont un niveau vibrationnel très élevé et les superaliments davantage. Par conséquent, lorsque nous adoptons l'alimentation crue, nous accueillons ces vibrations. Nous avons tous des problèmes à régler, des craintes et nous nous remettons en question, ce qui bloque notre énergie. Si nous ne sommes pas engagés activement dans notre développement personnel, si les changements que nous espérons dans le monde ne sont pas notre motivation, le régime crudiste ne donnera pas les résultats que nous désirons. Nous devrons choisir des aliments de plus faible vibration pour nous sentir plus solidement ancrés dans la réalité, physiquement et mentalement. Chez la plupart des gens attirés par les aliments crus, créer un monde meilleur fait partie de leur perspective globale, mais souvent, ce n'est qu'un fil dans une vie trépidante et complexe.

Assumer les responsabilités quotidiennes de la carrière, de la maison et de la famille est la principale préoccupation de la plupart d'entre nous. Les aliments que nous mangeons doivent nous soutenir et nous donner l'énergie qui nous permet de réaliser notre potentiel et de réussir notre vie dans la plus grande mesure possible, d'où l'importance de vous respecter en ce qui a trait aux aliments crus et de ne pas exagérer, car ce n'est pas une approche holistique. Si les doutes vous assaillent au sujet d'aliments qui ne sont peut-être pas les meilleurs pour la santé, je vous conseille d'en manger. Il vaut beaucoup mieux y prendre plaisir que de créer des tensions dans votre vie, ou pire, réprimer ou nier vos instincts. Nos pensées ont le pouvoir de façonner notre vie; prenez conscience des vôtres.

Nous savons tous que l'exercice est vital dans un style de vie sain. Si vous n'en avez pas le temps parce que vos activités quotidiennes vous accaparent trop, votre style de vie manque d'équilibre. Si vous manquez de temps, les rebondissements sont excellents; cinq minutes suffisent pour donner du tonus à tout l'organisme et aident à stimuler le système lymphatique. Il s'agit simplement de sauter sur un minitrampoline. C'est amusant au son de la musique, ou même en regardant la télévision. Aucune contrainte ne s'exerce sur les articulations. Les rebondissements facilitent la circulation et améliorent le tonus musculaire. Je m'arrête souvent pour des séances de rebondissements quand j'écris, entre les chapitres, pour me détendre et garder l'esprit clair. Le yoga est très populaire chez les adeptes de l'alimentation crue; il y a une relation symbiotique naturelle entre les deux. Ils visent à nous mettre à l'écoute de notre corps, à unifier tout ce qui constitue notre être. De nombreux adeptes du yoga se tournent vers les aliments crus, car ils leur donnent une plus grande souplesse et leur permettent d'approfondir leur méditation. De nombreux crudistes découvrent le yoga comme moyen idéal pour demeurer plein de vie et en accord avec soi-même. Peu importe l'exercice que vous préférez, la natation, la marche ou la bicyclette pour vous rendre au travail tous les jours si vous considérez qu'il s'agit d'une partie vitale de vos activités quotidiennes, tout comme prendre une douche ou brosser vos dents, votre corps vous en sera reconnaissant.

L'eau est l'élément vital pour la vie humaine. Plus l'eau que nous buvons est pure, mieux nous pouvons assimiler les nutriments et éliminer les toxines. La qualité de l'eau que vous buvez est plus importante que tout aliment que vous prenez. Vous pouvez manger les aliments les plus sains de la planète, mais si vous ne buvez pas suffisamment d'eau, votre organisme sera incapable d'absorber et d'utiliser les nutriments des aliments. Ma famille et moi utilisons de l'eau Pure H2O, la plus pure sur le marché. L'eau est traitée selon un processus unique breveté de filtration par osmose inverse et de déionisation. L'osmose inverse a été mise au point par la NASA. Le processus consiste à forcer le passage de l'eau à travers une membrane semi-perméable en la soumettant à une pression, de sorte qu'elle rejette les impuretés, comme les métaux lourds, les virus et les hormones.

La membrane est tellement fine que seules les molécules d'hydrogène et d'oxygène peuvent la traverser. Ensuite, l'eau traverse un processus de déionisation, qui la débarrasse d'autres impuretés et enfin, elle traverse un filtre à charbon actif en grain qui absorbe un grand nombre de contaminants organiques que l'on trouve dans l'eau. La pureté de l'eau est mesurée par matières dissoutes totales contenues dans l'eau. L'eau du robinet en contient en moyenne 500 parties par million (ppm); les pichets à filtre peuvent les réduire à environ 425 ppm. L'eau minérale en bouteille en contient de 150 à 600 ppm, mais Pure H2O ne contient que 2 ppm de matières dissoutes totales. Cette eau est vendue et recommandée par la plupart des magasins de produits naturels du Royaume-Uni, y compris Fresh and Wild, Planet Organic et Infinity Foods.

Je crois fermement à l'irrigation du côlon et aux lavements. Certaines personnes rejettent ces procédures, car elles ne sont pas naturelles. Selon moi, il y a tellement d'éléments artificiels dans notre style de vie moderne que ces techniques de nettoyage en profondeur sont vitales pour l'équilibre de notre corps. Pour moi, le nettoyage du côlon est tout aussi élémentaire que de prendre un bain ou une douche; je ne pourrais pas m'en passer plus de quelques jours sans me sentir sale. Si j'attends trop longtemps avant de nettoyer mon côlon je ne me sens pas propre. Nous accumulons tellement de déchets dans notre intestin. Une hydrothérapeute du côlon m'a dit que la substance que l'on trouve le plus couramment est le lait de la mère. Une autre m'a dit qu'on pourrait subir une irrigation tous les jours pendant une année avant de cesser de retirer des déchets. Nous en produisons beaucoup et continuellement. Nous transportons littéralement les débris de toute une vie à l'intérieur de nous. Je recommande un lavement au moins une ou deux fois par mois ou une irrigation au moins une ou deux fois par année. Les moments les plus bénéfiques pour ces procédures se situent autour des équinoxes et des solstices. Choisissez ces moments si vous le pouvez. Les praticiens autorisés pratiquent les irrigations dans un environnement hygiénique. Elles sont plus complètes que les lavements, car on se rend plus haut dans le côlon. Vous pouvez vous faire un lavement vous-même à la maison. Vous aurez un sentiment étrange la première fois, mais avec un peu de pratique, ils deviennent faciles, rapides et pas du tout inconfortables. Vous pouvez vous procurer facilement les sacs à lavement en ligne. J'aime faire deux lavements de suite; le premier avec de l'eau ordinaire et un peu d'huiles essentielles, comme la lavande, l'eucalyptus ou la menthe poivrée pour le nettoyage; puis je fais le deuxième avec des substances nutritives qui peuvent être absorbées directement par les parois du côlon. Habituellement, j'ajoute un probiotique pour renforcer la santé des bactéries intestinales et le méthylsulfonylméthane (MSM), des cristaux de soufre naturels qui favorisent l'absorption et augmentent la souplesse globale du corps. J'ajoute également un superaliment, comme l'aloès vrai, la spiruline, l'orge ou le jus de noni, avec un peu d'huile de chanvre ou de lin pour obtenir une dose supplémentaire d'acides gras essentiels.

Chaque lavement demande environ 20 minutes en tout. Si vous désirez obtenir plus de renseignements sur le sujet, visionnez ma vidéo d'information sur les lavements sur YouTube. Peu importe à quel point nous mangeons santé, nos corps subissent le stress continuel des polluants dans l'environnement et dans notre style de vie. Il me semble que le lavement est l'un des moyens les plus simples et les plus efficaces de résister à l'impact du style de vie du XXIe siècle sur notre organisme. C'est une excellente façon de renforcer le système digestif. En retenant l'eau, nous renforçons les muscles des parois du côlon et nous enseignons à l'intestin à fonctionner plus efficacement. Tant de gens dans notre culture souffrent de problèmes comme du syndrome du côlon irritable et de la colite, souvent guéris à l'aide d'un programme de nettoyage du côlon. Notre intestin a été affaibli par des décennies d'une mauvaise alimentation et d'accumulation de débris et de déchets. Rien d'étonnant à ce qu'il ne réponde plus aux demandes que nous lui imposons. Peu importe à quel point vous mangez santé, si les parois cellulaires de l'intestin sont obstruées, vous n'absorberez aucun nutriment. À mesure que nous prenons conscience des aliments dont nous nourrissons notre corps, nous commençons à nous poser des questions sur les autres éléments avec lesquels il entre en contact. Il y a un nombre incroyable de polluants dans l'environnement, donc beaucoup peuvent être réduits très simplement. Voici quelques-uns des moyens que vous pouvez utiliser pour « détoxifier votre monde » (comme dirait l'un de mes bons amis).

Utilisez des produits plus naturels pour vos cheveux et votre peau, plutôt que des produits qui contiennent une foule de composés chimiques dont le nom est impossible à prononcer. Au moment où j'écris ce livre, il existe une seule gamme de produits pour les soins de la peau uniquement à base d'ingrédients bruts : Raw Gaia. Il existe également un grand nombre d'excellents produits biologiques exempts de substances animales. Recherchez les ingrédients comme l'aloès vrai, la lavande ou l'essence de rose, le chanvre, le méthylsulfonylméthane et le beurre de cacao. Assurez-vous que les produits que vous achetez contiennent des quantités importantes de ces éléments végétaux particuliers, pas seulement quelques gouttes.

Achetez des vêtements et du linge de maison faits de fibres naturelles, de coton biologique ou de chanvre si possible. Les produits chimiques utilisés dans la culture du coton comptent parmi les plus gros polluants de la planète et causent des problèmes de santé importants aux cultivateurs et aux cueilleurs. Le coton biologique est plus dispendieux, mais il est de plus en plus accessible et procure une merveilleuse sensation sur la peau. Le chanvre est l'un des tissus les plus durables et il est étonnamment doux comme vêtement. Il est bon pour le sol, demande peu d'eau et ne requiert aucun pesticide. Encore une fois, de nos jours il existe une gamme croissante de vêtements (et même de la lingerie) faits de chanvre créés par de jeunes dessinateurs de mode.

Prenez conscience de la pollution électromagnétique. Essayez de minimiser le recours aux appareils électriques et utilisez des dispositifs de protection dans la mesure du possible. Je crois que la pollution invisible dont nous sommes bombardés au XXIe siècle est l'un des plus grands dangers que nous affrontons pour la santé. Jusqu'à maintenant, personne ne connaît les conséquences du grand usage des ordinateurs, des téléphones cellulaires, des téléphones sans fil, des systèmes de navigation par satellite, etc. Indubitablement, tous ces appareils nous facilitent la vie et la rendent plus agréable, mais ils peuvent aussi avoir des effets secondaires cachés. Dans un style de vie holistique, il faut les utiliser de façon équilibrée et utiliser des matériaux protecteurs, comme les cristaux, ou des dispositifs spécialement conçus pour nous protéger de la pollution électromagnétique, comme les dispositifs de tachyon et les structures plasmoniques. Bien que votre côté cynique ne soit peut-être pas convaincu, des données suffisantes montrent qu'ils sont efficaces. Je crois qu'il est préférable d'être exagérément prudent et d'investir dans tous les gadgets qui vous attirent.

Évitez les antibiotiques, les vaccins et tout autre produit pharmaceutique inutile. Recherchez plutôt les traitements naturels, comme l'homéopathie, les essences florales et l'acupuncture. Je vous épargne toutes les horreurs de l'industrie pharmaceutique. Si vous voulez obtenir plus de renseignements, un bon point de départ est ce site Web américain indépendant : www.newstarget.com. Vous y trouverez une foule de renseignements sur les produits naturels, la santé, la nutrition et plus encore. De nombreuses maladies pour lesquelles nous prenons des médicaments pourraient tout aussi bien être guéries à l'aide de remèdes naturels. La maladie est la façon dont notre corps élimine les mauvais éléments et nous dit de ralentir le rythme et de nous reposer un peu. L'allopathie élimine simplement les symptômes. Elle ne permet pas au corps de se détoxifier entièrement. En fait, la médecine conventionnelle a tendance à affaiblir le système immunitaire, car elle ne permet pas au corps de faire le travail lui-même. Elle lutte contre la maladie à sa place. Par contre, les thérapies non conventionnelles soutiennent l'organisme en éliminant les toxines. Elles le renforcent et le rendent plus sain à long terme. N'attendez pas d'être malade pour suivre un traitement; investissez continuellement dans votre santé. Il est beaucoup plus agréable d'avoir un massage préventif ou une séance de Reiki que de se traîner quelque part pour une consultation lorsque vous vous sentez affreusement mal et que vous êtes crevée.

Investissez dans les ioniseurs et les purificateurs d'air et laissez les fenêtres ouvertes aussi souvent que possible pour assurer la circulation de l'air frais. Si vos fenêtres sont toujours fermées, le dioxyde de carbone s'accumule. En ouvrant les fenêtres, vous permettez à l'oxygène de circuler et vous vous sentez plus alerte et énergique. Il existe de nombreuses solutions maison faciles à mettre en pratique pour aider l'organisme à éliminer ses toxines. Après quelques mois d'une alimentation riche en aliments crus, votre organisme commencera à libérer beaucoup de « vieux déchets ». Généralement, cela se produit après trois mois. Souvent, les gens adoptent une attitude saine pendant trois mois, mais lorsqu'ils arrivent au point où les choses commencent à changer pour eux, ils ont l'impression de ne pas avoir le soutien nécessaire pour faire les changements appropriés dans leur vie. Ils reprennent leurs anciennes habitudes. C'est pourquoi les techniques de détoxication sont si importantes. Elles permettent d'aller de l'avant de façon globale, plutôt que de se concentrer sur un domaine, comme l'alimentation, pendant que le reste de l'organisme lutte pour suivre. Il existe de nombreux moyens d'avoir une belle peau saine, naturelle et radieuse. Votre peau vous aimera si vous prenez souvent des bains de vapeur ou si vous fréquentez les saunas. La vapeur ouvre les pores de la peau et libère les toxines. Les bains de vapeur sont préférables, à cause de la chaleur humide. La chaleur sèche des saunas est plus déshydratante. Que vous optiez pour le bain de vapeur ou le sauna, assurez-vous de boire beaucoup d'eau pendant la séance. Le brossage de la peau aide à stimuler le système lymphatique et à éliminer les cellules mortes en redonnant de l'éclat à votre peau. Vous pouvez acheter une brosse en soie dans un magasin de produits naturels ou chez un chimiste. Brossez simplement vers le cœur, d'un mouvement long et énergique, avant de prendre une douche. Les douches et les bains froids sont sensationnels. Je prends des douches froides depuis environ 15 ans et des bains froids depuis près de cinq ans. Je ne remarque plus le froid maintenant et je suis certaine qu'en grande partie, la stimulation quotidienne de ma circulation a renforcé mon feu intérieur. La meilleure façon de prendre une douche est de faire couler d'abord l'eau froide aussi longtemps que vous pouvez l'endurer, puis de prendre votre douche chaude habituelle, de vous laver et d'alterner : froid/chaud/froid/chaud/froid jusqu'à la fin, en terminant toujours avec l'eau froide. Les bains froids sont encore plus stimulants. Après votre bain chaud, videz-le et restez dans le bain. Remplissez-le d'eau froide et restez-y le plus longtemps possible, en submergeant votre tête et votre corps complètement si possible. Non seulement votre système reprend sa pleine puissance, mais c'est aussi excellent pour votre esprit, car vous dépasserez les limites habituelles que vous vous imposez et vous vaincrez les obstacles plus que vous ne l'auriez cru possible. Votre esprit vous dit : « J'en suis incapable, c'est trop froid ! », mais si vous persévérez et si vous ignorez cette voix, vous prenez conscience que vous pouvez le faire et vraiment, ce n'est pas si mal après tout. Souvent dans la vie, la croyance que nous ne pouvons y arriver nous empêche de faire une chose. Ces techniques nous aident à adopter une attitude positive et à maîtriser intérieurement les situations.

Prendre un bain dans le sel d'Epsom est un excellent moyen d'éliminer les toxines du corps. Les sels attirent les déchets acides hors du corps par les pores de la peau. Ils ont également une forte teneur en magnésium, un minéral qui manque à beaucoup d'entre nous. Vous devez mettre environ 500 g de sel dans le bain. Vous les trouverez facilement chez les pharmaciens. Un autre remède maison simple pour éliminer la toxicité est la compresse d'huile de ricin. Elle a des propriétés antibactériennes et elle est excellente pour faire sortir les déchets du corps. Encore une fois, vous pouvez vous la procurer chez la plupart des pharmaciens et elle est très abordable. Faites simplement tremper un vieux morceau de flanelle ou de mousseline ou un tissu spécial d'emballage dans l'huile et placez-le sur la région que vous voulez traiter. Une compresse sur le foie est très bénéfique. Elle est également très utile sur les poumons si vous avez une infection respiratoire. Placez une bouillotte d'eau chaude sur la compresse pour permettre à la chaleur de contribuer au processus. Installez-vous pendant quelques heures avec un bon livre ou regardez un film, ou encore, faites-le la nuit pendant que vous dormez. Cette huile tache, donc portez de vieux vêtements et dormez dans de vieux draps. Vous pouvez aussi recouvrir la compresse d'un sac de plastique pour éviter qu'elle entre en contact avec d'autres matériaux. J'aime beaucoup les compresses d'huile de ricin. Elles sont merveilleusement nourrissantes, réconfortantes et apaisantes.

Enfin, je recommande fortement l'ouvrage de Barbara Wren et le College of Natural Nutrition qu'elle a fondé. Infirmière, Barbara a souffert d'anorexie mentale dans sa jeunesse et d'encéphalomyélite myalgique ou du syndrome de fatigue chronique plus tard dans sa vie. Elle a eu quatre enfants et a suivi son propre cheminement pour retrouver une santé optimale. Sa philosophie intègre une alimentation très riche en aliments crus et des techniques de naturopathie, comme les compresses d'huile de ricin et les lavements, l'observation des cycles de la lune et du soleil. J'aime beaucoup ses méthodes, en particulier parce qu'elles sont généralement très abordables et faciles à réaliser, tout en ayant des effets profonds sur notre santé.

Le cheminement

Les gens sont attirés par les aliments crus pour de nombreuses raisons différentes. Le plus souvent, ils veulent obtenir un regain d'énergie. Certains veulent perdre du poids; d'autres veulent remédier à un état pathologique, comme le syndrome du côlon irritable, ou soulager une affection cutanée. Certaines personnes souffrent d'une grave maladie, comme le cancer; d'autres sont en parfaite santé et veulent le demeurer. Peu importe votre motivation, le régime crudiste constitue un cheminement en soi et selon moi, un cheminement très spirituel. Manger cru nous ouvre à notre vraie nature, nous aide à regarder honnêtement notre vie et les personnes qui en font partie. Les crudistes se plaignent souvent qu'il leur est difficile de mentir! Être crudiste est un processus de libération des couches de dépendance aux aliments cuits; les craintes, les doutes et les insécurités à notre sujet sont révélés et de prime abord, nous nous sentons très exposés. Cependant, plus nous sommes accoutumés à notre état « nu » et nous nous libérons des fausses enveloppes de protection, plus nous nous sentons libres. Ce type de libération est comme un médicament; il n'est pas toujours agréable à avaler, mais nous nous sentons certainement mieux.

Lorsque je constate ma croissance personnelle grâce aux aliments crus, j'en suis abasourdie. Je ne m'inquiète plus de mon poids, alors que c'était une préoccupation majeure tout au long de mon adolescence. Je mange toujours autant que je le veux et je n'ai jamais le sentiment d'avoir un surplus de poids. J'ai des réserves illimitées d'énergie et je n'ai besoin que de six heures de sommeil en moyenne par nuit. Je ne me sens jamais fatiguée, malgré mon style de vie à 175 km à l'heure – trois enfants, une entreprise prospère et une vie sociale bien remplie. Comme je ne me nourris que des végétaux de première qualité qu'offre cette planète incroyable, j'aime mon corps et il me laisse rarement tomber. Mes pensées sont toujours orientées vers le positif, car mes aliments débordent autant d'énergie vitale que moi. Bien sûr, j'ai des défis à relever et des crises à traverser, comme tout être humain, mais j'ai maintenant la certitude que je tiendrai le coup et la foi en l'univers qui me permettent de croire que rien ne se produit sans raison et qu'il y a toujours une précieuse leçon à tirer de toute situation. Je suis continuellement heureuse et optimiste, presque au point d'en être exaspérante, et mon cœur est rempli de gratitude pour ma vie et les merveilleuses personnes qui en font partie. Je suis en paix avec moi-même. Je me sens remplie de joie tous les jours. Par conséquent, j'attire de moins en moins de personnes qui me jugent, me manquent de respect ou me comprennent mal. J'attire plutôt des gens qui m'apprécient et reconnaissent ma contribution à l'humanité. Plus je m'entoure de ces étonnantes personnes, plus je suis heureuse et plus j'attire de belles personnes.

Cette philosophie peut fonctionner pour vous parce que vous mangez des aliments qui ont une énergie pure et harmonieuse, que vous commencez à répandre dans votre vie. Lorsque vous vivez au moment présent, vous êtes en accord avec vous-même. Le noble but de votre vie se réalise et des miracles commencent à se manifester tous les jours. Ce sont peut-être de petites choses, comme de vous rendre à votre voiture une minute avant que le préposé aux parcomètres apparaisse au coin de la rue, ou un ami qui vous apporte justement le livre, le CD ou les biscuits crus auxquels vous pensiez. Le miracle peut aussi être un profond changement de vie, comme de trouver un nouveau partenaire, une nouvelle carrière ou un déménagement. C'est la loi fondamentale de l'univers qui est à l'œuvre : plus vous trouvez de bonheur dans vos aliments, plus vous en créez en vous-même et plus vous en attirez dans votre vie. Les aliments crus ont fait partie intégrante de mon cheminement jusqu'à cet état. Peu importe en quoi consiste votre première motivation, vous parviendrez à cet état si vous suivez le chemin; un lieu d'amour, de joie, d'abondance et de vitalité. C'est ce que j'appelle la « magie crue », mais c'est un autre récit…

Échantillons de menu

Voici quelques idées pour vous aider à commencer et vous donner une bonne idée de ce qui est possible en matière d'alimentation crue. Si vous suivez ces menus pendant deux semaines, vous serez tellement remplie de bons aliments que vous n'aurez pas faim, mais vous aurez probablement plus d'énergie que jamais et vous serez en grande forme. La plupart des gens constatent après quelques mois, semaines ou même quelques jours de repas d'aliments crus de bonne qualité, que leur appétit commence à diminuer et qu'ils sont plus heureux avec de simples repas moins copieux. Si vous essayez de bannir les aliments cuits pour ne consommer que des aliments crus, ces menus vous seront très utiles comme guide.

*Indique qu'il y a une recette pour ce plat dans le livre.

Jour un
Déjeuner : céréales*
Pause du matin : un carré au chocolat*
Dîner : guacamole de Reuben*, bâtonnets de carotte, roquette fraîche avec sauce au poivron rouge
Pause de l'après-midi : fruit en saison
Souper : burgers épicés aux amandes* avec ketchup au poivron rouge* et salade de fenouil et poireaux*

Jour deux
Déjeuner : pouding du déjeuner*
Pause du matin : deux biscuits sablés*
Dîner : soupe à la betterave*
Pause de l'après-midi : craquants de courgette* et trempette de Zachary*
Souper : salade de chou rouge* et purée de panais*

Jour trois
Déjeuner : jus frais fait d'un demi-concombre, de deux branches de céleri et d'un demi-citron
Pause du matin : craquants de dulse* et chutney à la coriandre*
Dîner : pain de seigle essène*, germes de luzerne et fromage à la crème de noix de cajou*
Pause de l'après-midi : fruit en saison
Souper : salade de « poulet »*

Jour quatre
Déjeuner : pouding imbattable*
Pause du matin : chocolat brut*
Dîner : légumes-feuilles saisonniers et germes de tournesol avec sauce crémeuse au concombre*
Pause de l'après-midi : deux gâteaux d'avoine* et beurre de graines de potiron
Souper : chili*

Jour cinq
Déjeuner : céréales*
Pause du matin : fruit en saison
Dîner : pâté de noix* et bâtonnets de carotte et de poivron
Pause de l'après-midi : jus frais fait d'un demi-concombre, de deux branches de céleri et d'une pomme
Souper : dahl*

Jour six
Déjeuner : pain de miso* et beurre de sésame
Pause du matin : boules de maca*
Dîner : rouleaux de nori farcis de trempette au persil*, bâtonnets de concombre et germes de luzerne
Pause de l'après-midi : fruit en saison
Souper : saucisses* avec ketchup aux carottes* et salade de maïs frais et d'avocat avec tapenade*

Jour sept
Déjeuner : magnifique pouding aux baies du lyciet*
Pause du matin : deux jolis biscuits*
Dîner : délice au brocoli*
Pause de l'après-midi : friandises vertes*
Souper : tempura* et petite feuille d'épinard avec germes de lentille et sauce chili douce

Jour huit

Déjeuner : céréales
Pause du matin : deux super truffes*
Dîner : soupe fantastique au fenouil*
Pause de l'après-midi : craquants de patate douce* et chutney aux dattes*
Souper : grande assiette de légumes-feuilles et d'olives avec pesto à l'avocat*

Jour neuf

Déjeuner : pouding du déjeuner*
Pause du matin : jus frais fait de quatre branches de céleri et d'une pomme
Dîner : bolets et pesto*
Pause de l'après-midi : deux gâteaux aux carottes*
Souper : fattoush* et croustilles*

Jour dix

Déjeuner : céréales*
Pause du matin : fruit frais en saison
Dîner : mes préférés*
Pause de l'après-midi : un carré au chocolat*
Souper : poivrons pizzas*

Jour onze

Déjeuner : pouding imbattable*
Pause du matin : deux craquelins au quinoa*
Dîner : salade méditerranéenne*
Pause de l'après-midi : barre de salades*
Souper : satay de patate douce* et simple salade*

Jour douze

Déjeuner : jus frais fait de deux branches de céleri, de deux carottes et de 1 cm (½ po) de gingembre
Pause du matin : deux crêpes*
Dîner : rouleaux de nori farcis de hoummos de graines de chanvre*, feuilles de laitue et germes de luzerne
Pause de l'après-midi : deux boules de maca*
Souper : salade chérie*

Jour treize
Déjeuner : pain de seigle essène* avec confiture*
Pause du matin : jus frais fait de deux branches de céleri, de deux carottes et d'une pomme
Dîner : macédoine de chou*
Pause de l'après-midi : deux barres indiennes crues de Lisa
Souper : riz au panais* et manger plus de légumes*

Jour quatorze
Déjeuner : pouding au chocolat meilleur que jamais*
Pause du matin : gâteau aux carottes*
Dîner : laitue feuille de chêne avec sauce à l'ananas*
Pause de l'après-midi : croustilles de plantain*
Souper : cari rouge thaï*

La germination

Il existe un grand nombre de gadgets pour la germination sur le marché, mais personnellement, j'ai toujours utilisé la bonne vieille méthode du pot de confiture. J'utilise un pot de verre d'un litre pour les quantités plus petites de germes. Si j'en prépare de plus grosses quantités, par exemple une fournée de sarrasin pour déshydrater, j'utilise un grand plat de Pyrex, de céramique ou un bol de verre. La plupart des germes n'ont besoin que de tremper dans une eau la plus pure possible disponible et d'être rincés une fois par jour. Par temps très chaud, rincez-les deux fois par jour pour les empêcher de se gâter. Je rince mes germes en remplissant le réceptacle dans lequel ils sont avec de l'eau pure, je les rince avec mes mains puis je les draine dans un tamis. Les germes sont un aliment étonnant pour plusieurs raisons. C'est l'aliment frais par excellence.

Vous savez exactement comment ils ont poussé et ils sont toujours pleins de force vitale. La germination augmente radicalement la valeur nutritive : les protéines, minéraux, vitamines et enzymes augmentent et sont plus biodisponibles. Quand vous faites germer des graines, les amidons, auxquels plusieurs sont intolérants, sont convertis en sucres naturels. Par conséquent, les germes de blé, d'épeautre, de seigle et d'avoine conviennent à la plupart des gens qui ont des problèmes avec le gluten. Enfin, la germination est incroyablement économique, car les semences, les haricots et les graines ne coûtent que quelques sous et vous pouvez produire d'énormes quantités de germes pour presque rien.

Les germes suivants sont couramment utilisés dans le présent livre.

Haricot aduki, haricot mungo, lentille verte et lentille brune : trempez 60 g (2 oz) de 8 à 12 heures; laissez germer de 3 à 5 jours. Ce sont les germes les plus faciles à produire. Vous pouvez les utiliser individuellement ou les mélanger et les laisser germer dans le même pot.

Luzerne : trempez 15 à 30 ml (1 à 2 c. à soupe) de 4 à 8 heures; laissez germer pendant 7 jours. Une petite quantité de semences brutes donne une quantité impressionnante de germes.

Sarrasin : trempez 150 g (5 oz) pendant 5 heures; laissez germer pendant 3 jours. Le sarrasin a besoin de soins, car il a tendance à devenir gluant. Rincez bien les semences avant et après le trempage. Ne trempez pas plus de 5 heures. Vous obtiendrez de meilleurs résultats si vous rincez deux fois par jour.

Pois chiches : trempez 150 g (5 oz) de 8 à 12 heures; laissez germer pendant 3 jours. Germination facile; ne laissez pas les queues devenir plus longues que les pois, sinon ils auront un goût de bois.

Quinoa : trempez 120 g (4 oz) de 4 à 8 heures; laissez germer de 3 à 5 jours. Germination un peu compliquée; demande beaucoup de soins. Rincez deux fois par jour.

Tournesol : trempez 60 g (2 oz) de 4 à 8 heures; laissez germer de 1 à 3 jours. Ne les laissez pas germer trop longtemps, car ils prennent un goût amer.

Blé, épeautre, avoine et seigle : trempez 90 g (3 oz) de 8 à 12 heures; laissez germer de 3 à 5 jours. Les graines germées servent à faire du pain ou comme garniture. C'est un ajout nutritif et savoureux dans une salade.

Remarques sur la cuisine

Il est de plus en plus facile de se procurer les ingrédients pour une alimentation crue. Il est merveilleux de voir tous ces nouveaux produits dont on n'a jamais entendu parler qui arrivent au pays. Soyez aventureuse et vous serez stupéfaites de la quantité illimitée de nouveaux repas que vous pouvez préparer.

Les mélangeurs

J'ai un Vitamix et lorsque je parle de mélangeur dans les recettes, c'est ce que j'utilise. Le Vitamix est un appareil étonnant. Il a révolutionné ce que je peux faire dans la cuisine. C'est essentiellement un mélangeur très puissant, capable de mélanger à peu près n'importe quoi. Il broie très bien les noix, les semences, les graines, les haricots, etc. Toutefois, il est très cher (au moment de l'impression du présent livre, il coûtait environ 500 £ ou 800 $). C'est un excellent investissement si vous en avez les moyens. Il est inestimable pour préparer des plats crus facilement et efficacement. Je n'ai pas essayé les recettes du présent livre avec un mélangeur ordinaire, mais je sais que certaines combinaisons seront difficiles avec un appareil moyen. Si c'est le cas, placez votre mélange dans le robot culinaire avec la lame S. Parfois ce sera suffisant, mais pour un mélange plus uniforme, remettez le mélange dans le mélangeur, il devrait pouvoir le travailler mieux. Vous pouvez aussi essayer un mélangeur à main. Ils peuvent être plus efficaces pour obtenir un très bon mélange lorsque vous n'y arrivez pas avec le mélangeur ordinaire.

La caroube, le prosopis et la lucuma

Nous pouvons acheter de la poudre de caroube brute depuis quelques années. Autrement, je recommanderais les marques biologiques fabriquées par Rapunzel ou Hambleden Herbs. Je croyais autrefois qu'il s'agissait de chocolat brut. Ce n'est pas le cas; il est grillé plutôt que rôti. Néanmoins, il est de très bonne qualité. Vous pouvez également acheter des gousses de caroube. Elles sont délicieuses comme collation saine sucrée. Siesta fabrique des barres de caroube fantastiques, sans blé, sans sucre, sans produits laitiers, sans graisses hydrogénées et qui ont tout de même bon goût (contrairement à certaines marques). Nous utilisons des flocons de caroube qui sont merveilleux comme garniture ou pour saupoudrer les mélanges à biscuits. À Noël et à Pâques, on peut en faire des friandises saisonnières, comme des œufs et des pères Noël que les enfants aiment beaucoup. Le prosopis est un autre édulcorant en poudre offert en gousses. Il est de la même famille que la caroube. Pour porter à confusion, il existe une variété de caroube crue sur le marché appelée Algorroba qui a davantage le goût du prosopis que la caroube espagnole habituelle. La lucuma est un fruit péruvien en poudre qui a une merveilleuse saveur de sablé. Vous pouvez substituer le prosopis ou la lucuma à la caroube dans toute recette ou les combiner.

Les dattes et les fruits séchés

J'aime beaucoup les dattes fraîches. C'est l'une de mes méthodes préférées pour donner un goût sucré aux plats. Elles sont tellement nutritives que dans les régions désertiques, les gens survivent pendant de longues périodes avec presque rien d'autre que des dattes et du lait de chameau ! Les meilleures sont les dattes iraniennes. Elles ne sont pas très coûteuses et elles sont crues et fraîches. De nombreux marchands de fruits et légumes et d'aliments biologiques s'en approvisionnent. Elles sont vendues en boîte de carton d'un poids d'environ 500 g (1 lb) et on les conserve habituellement au réfrigérateur. Si vous pouvez vous en procurer, je vous les recommande plutôt que les dattes séchées. Celles-ci ont généralement été traitées et sont moins nutritives. Si vous utilisez des dattes séchées dans une recette, trempez-les toujours de 20 minutes à une heure auparavant. Buvez l'eau de trempage; elle est délicieuse ! La plupart des fruits séchés sont chauffés à différents degrés et il est préférable d'en manger avec modération en raison de leur teneur élevée en sucre. N'achetez que les fruits séchés non soufrés, sans huiles végétales ou enrobages de sucre ajoutés.

Les déshydrateurs d'aliments

Il s'agit en fait d'une boîte avec un ventilateur et un élément chauffant. Un déshydrateur ressemble à un four brut qui chauffe les aliments à de très faibles températures pour en préserver la valeur nutritive et l'activité enzymatique. La marque la plus populaire est Excalibur. Les plateaux sont de bonnes dimensions et facilement accessibles et le régulateur est à température variable. Il en existe de moins chers, mais ils ne sont pas aussi conviviaux. Certains déshydrateurs sont équipés de régulateurs à température variable, mais pas tous. Nous n'avons donné aucune température dans ce livre : la température normale pour déshydrater les aliments crus est de 38 °C (100 °F).

Les tomates séchées

Généralement je prépare mes propres tomates séchées en mélangeant quelques tomates fraîches dans un pichet puis je les assèche dans le déshydrateur jusqu'à ce qu'elles soient croustillantes. Ce n'est pas très long et beaucoup plus économique que de les acheter, et on ajoute souvent du sel ou des agents de conservation aux tomates vendues sur le marché. Si vous n'avez pas de déshydrateur, achetez les tomates vendues en sachets plutôt qu'en pots, dans l'huile, car elles sont beaucoup plus économiques. Trempez ces tomates dans l'eau pendant au moins 20 minutes, jusqu'à une heure, avant de les utiliser.

Le café en grains

Il existe différentes marques de café en grains sur le marché, comme *Barleycup* et *Yannoh*. Les grains ne sont pas crus, mais utilisés avec de la poudre de caroube dans une recette, ils donnent un merveilleux goût chocolaté.

Les presse-fruits

Dans la plupart des cas, vous en avez toujours pour votre argent. Les presse-fruits bon marché peuvent vous sembler un bon choix, mais ils présentent un certain nombre d'inconvénients. Ils peuvent être difficiles à nettoyer et les modèles bon marché ne produisent pas toujours beaucoup de jus. Les presse-fruits à engrenages constituent un meilleur investissement, car ils produisent plus de jus et offrent des garanties prolongées, donc ils auront une plus longue durée de vie. Les presse-fruits à engrenages jumeaux sont les meilleurs pour les jus de légumes, comme le céleri, le concombre et les légumes-feuilles. Les extracteurs à engrenage simple sont efficaces avec les fruits et les légumes, et sont les plus faciles à nettoyer. Un autre avantage de ces extracteurs est qu'on peut les utiliser avec une plaque d'homogénéisation pour faire des purées et des beurres de noix. Il en existe de nombreux modèles au Royaume-Uni, dont le prix peut atteindre près de 400 £ (620 $); magasinez et choisissez celui qui convient à vos besoins et à votre portefeuille.

Les granules de lécithine

Extraite du soja, la lécithine contribue à l'émulsification des graisses. C'est donc un bon supplément avec l'huile de lin pour aider le foie dans l'absorption. Elle est également riche en phosphatidylcholine, un bon aliment pour le cerveau. Les granules ont une saveur de fromage très agréable. C'est un ingrédient simple et facile à saupoudrer sur vos salades.

La poudre d'enveloppe de psyllium

Le psyllium est une racine semblable à la banane plantain. Les enveloppes sont vendues dans les pharmacies et les magasins de produits alimentaires biologiques comme aide à la digestion. Trempées dans l'eau, elles gonflent et absorbent l'eau en créant une sorte de gelée qui agit comme balai intestinal. Dans la cuisine crudiste, elles servent de gélifiant sain exempt de substances animales. Je préfère utiliser les enveloppes en poudre, car elles produisent une gelée plus lisse, moins granuleuse.

Les noix et les graines

Il est préférable d'utiliser les noix avec modération. Au départ, la plupart des noix emballées ont été traitées à différents degrés. Les noix de cajou ne sont jamais crues, à moins d'acheter les noix de cajou Sunfood importées des États-Unis. Les noix sont difficiles à digérer et si vous en mangez trop, vous pourriez vous sentir lourde et apathique. Si vous en consommez de grandes quantités régulièrement (un piège courant pour les crudistes débutants), votre foie sera congestionné et vous serez malade. Prenez de l'agropyre. Si vous vous sentez malade, vous devrez probablement vous abstenir de noix pendant un certain temps. En règle générale, ne mangez pas plus de noix dans une journée que vous pouvez en tenir dans votre main. Les graines sont beaucoup plus faciles à digérer et plus dynamiques sur le plan nutritionnel. Les quatre principales sont les graines de sésame, de potiron, de tournesol et de chanvre. J'essaie généralement de tremper mes noix et mes graines avant de les utiliser. Si vous l'oubliez, ce n'est pas la fin du monde, mais c'est une bonne habitude à prendre. En moyenne, les graines doivent tremper de quatre à huit heures et les noix de huit à douze heures (car elles sont plus grosses). Si vous ne disposez que de 20 minutes, c'est mieux que rien. Le trempage libère les inhibiteurs d'enzyme. Il les rend plus facilement digestibles pour le foie. Bien sûr, les noix et les graines deviennent plus grosses en absorbant l'eau, vous en avez donc plus pour votre argent.

Les beurres de noix et de graines

Il y a quelques années seulement, il était presque impossible d'obtenir des noix crues et du beurre de noix. Le beurre de sésame et le beurre d'amandes Rapunzel sont disponibles depuis quelque temps et font partie du garde-manger des crudistes. Ils sont indispensables comme base pour les sauces et les tartinades pour les craquelins et le pain. Au moment où j'écris ce livre, vous pouvez vous procurer du beurre de graines de potiron Omega Nutrition, et Carley's offre une vaste gamme d'excellents beurres de noix crues (noix tropicales, pacanes et chanvre). Il existe également une gamme d'aliments importés d'Amérique appelés Rejuvenative Foods (aliments rajeunissants) et préparés spécialement pour les crudistes, comme le beurre de pistache, de sésame noir et de noisette. Il est préférable d'éviter tout le reste, car les noix et les graines ont été grillées, ce qui les rend difficiles à digérer. Elles provoquent la formation de mucus et demandent beaucoup de travail au foie. Les noix crues sont coûteuses, mais de très grande qualité et leur saveur est divine. Elles valent bien la dépense. Utilisez-les modérément. Même les beurres de noix crues sont très congestifs et doivent être pris comme gâteries plutôt qu'à la cuiller (comme nous l'avons toutes fait !).

Les flocons de levure nutritionnelle

Ce produit n'est pas brut, mais il est riche en vitamines B et c'est un délicieux ajout aux bonnes-bouches lorsque vous l'utilisez en petite quantité. On apprécie les flocons de levure pour leur saveur de fromage. La levure en flocons est inactive. Elle convient donc aux personnes intolérantes à la levure.

L'avoine

Presque toute l'avoine cultivée pour le marché est passée à la vapeur pour la stabiliser. Cette avoine devient rance facilement et sans ce traitement, elle ne se conserverait sur les étalages que pendant quelques semaines plutôt que des années. Raw Living produit de l'avoine décortiquée et des flocons d'avoine frais provenant du Sussex. Cette avoine a une saveur naturelle de noix et, selon moi, sa saveur est supérieure à celle de l'avoine habituelle. L'avoine décortiquée est le grain entier qui doit être trempé et germé avant d'être utilisé. Les flocons d'avoine peuvent être trempés et utilisés pour le gruau et les crêpes ou être moulus en farine pour les pâtisseries et les gâteaux crus.

Les huiles

Mes préférées sont les huiles de noix de coco, de lin, de chanvre et d'olive. L'huile de noix de coco est une matière grasse mono-insaturée. Les experts de la santé commencent à croire qu'elle est essentielle à l'alimentation en raison des acides gras essentiels qu'elle contient, principalement l'acide laurique. L'huile de noix de coco est la seule graisse qui n'est pas métabolisée par le foie et c'est une superbe source d'énergie. Elle a des propriétés antimicrobiennes, antivirales et elle équilibre le métabolisme. L'huile de lin est la source alimentaire la plus riche d'acides gras essentiels oméga 3, qui font le plus défaut dans le régime alimentaire occidental. L'huile de chanvre est le seul aliment où l'on trouve un parfait équilibre d'omégas 3, 6 et 9. Ces deux huiles ont des saveurs très différentes, mais également délicieuses; le lin a un goût de beurre; le chanvre a un goût de noix. Lorsque vous achetez des huiles, recherchez les bouteilles de verre foncé. À l'exception de l'huile de noix de coco qui est très stable, les huiles sont sensibles à la chaleur et à la lumière. Si l'étiquette indique que l'huile d'olive provient d'une première pression à froid, elle devrait être crue. Cette huile est excellente pour nettoyer le foie.

Les olives

Sont-elles crues ou non ? Malheureusement, la réponse est probablement non. Nous avons maintenant la chance d'obtenir des olives garanties crues des États-Unis, mais elles sont scandaleusement chères. Les olives dénoyautées aux herbes et les olives Bella di Cerignola sont plus grosses et plus juteuses et contiennent des noyaux. En général, il est probablement plus sûr de supposer que vos olives ont été traitées à la chaleur. Évitez les olives saumurées et en conserve qui sont généralement pasteurisées. Les olives dénoyautées ont probablement été soumises à une chaleur intense.

La choucroute

Le chou fermenté contient habituellement du sel de mer et des baies de genévrier. La choucroute est merveilleuse pour la digestion en raison de sa grande activité enzymatique et des bonnes bactéries qu'elle contient. C'est une bonne source de vitamine C et elle aide à renforcer le système immunitaire. La plupart des choucroutes sont traitées à la chaleur; nous recommandons la Bionova qui n'est pas pasteurisée.

Seagreens

L'un de mes ingrédients favoris, Seagreens est un granule de varech sauvage produit au Royaume-Uni qui a un profil nutritionnel complet. En effet, il contient tous les minéraux et les vitamines dont l'organisme a besoin. Il ajoute de la texture, de la saveur et un complément nutritif à presque n'importe quel plat salé auquel vous pouvez penser. C'est un ingrédient coûteux, mais vous n'avez besoin que d'une petite quantité. Une cuiller à thé par portion suffit.

Les légumes de mer

Les légumes de mer, à titre d'aliments les plus riches en minéraux que vous pouvez trouver dans la nature, méritent une place dans l'alimentation de toute personne. Nous utilisons notre légume préféré, la dulse, un légume de mer mauve. Je peux en manger tout un paquet d'un coup. Il suffit d'un simple rinçage sous l'eau du robinet. C'est une excellente source de calcium. L'aramé est fibreux et nécessite un trempage de 20 minutes. Il est très populaire en raison de son goût peu prononcé et parce qu'il est très bon avec des légumes râpés. Le hijiki est semblable, mais il est légèrement plus gras et sa saveur est plus prononcée. Il doit tremper jusqu'à une heure pendant laquelle son volume triplera ou même quadruplera. Le wakamé est vert, coriace et doit tremper pendant 10 minutes avant d'être ajouté à la salade. Les feuilles de nori font partie des aliments essentiels d'un régime crudiste pour faires des roulés, le sandwich des crudistes. Les feuilles d'un vert clair ont été grillées, donc elles ne sont pas crues. Recherchez plutôt les feuilles d'un vert foncé. Les flocons de nori et la salade de légumes de mer de l'Atlantique en poudre sont parfaits pour une salade ou une garniture de soupe. Le spaghetti de mer est également très prisé chez les crudistes. Sa saveur est remarquable. Vous pouvez simplement en ajouter un peu à une sauce crémeuse pour un plat de tagliatelles crues. Un autre légume en poudre, le varech, est étonnamment riche en minéraux, en particulier l'iode. Nous en mangeons tous les jours. Les adultes n'ont besoin que d'une demi-cuiller à une cuiller à thé par jour, donc vous pouvez l'ajouter à la plupart des plats et vous remarquerez à peine son goût de poisson. Clearspring est la marque la plus populaire de légumes de mer au Royaume-Uni. Sa dulse et son wakamé sont crus, alors que toutes les autres variétés sont chauffées à 38 °C (100 °F). Cela dit, je crois que les légumes de mer sont tellement importants qu'il est préférable d'en manger, même s'ils ont été soumis à un traitement thermique. Nous recommandons également les légumes de marque française, Bord à Bord, qui ne sont pas soumis à ce traitement et sont conservés dans du sel de mer. Vous devez les rincer à fond avant de les utiliser, mais ils sont très frais et vous aurez l'impression qu'ils viennent d'être cueillis.

Les édulcorants

Les gens me demandent souvent ce que j'utilise comme édulcorant. Il n'y a qu'un seul bon choix : le nectar d'agave. Il provient d'un cactus mexicain. Son index glycémique est faible et il a un goût merveilleux, semblable au sirop d'érable. Le sirop de poire de terre est également un nouveau produit sur le marché. Il provient de la racine de poire de terre péruvienne et ne contient que des fructoligosaccharides, un sucre qui n'est pas absorbé par l'organisme. Il a un goût de malt et il est excellent comme tartinade ou garniture. Toutefois, si vous n'êtes pas disposée à payer pour ces produits tous les jours, il existe de nombreux choix sur le marché des aliments biologiques qui ne sont pas nécessairement crus, mais qui sont relativement sains. Vous pouvez acheter du sirop d'agave fait par Allos ou Biona. Il n'est pas cru, mais il coûte la moitié du prix. Il y a également le jus de pomme concentré ou le sirop de datte, qui proviennent de sources naturelles; la mélasse, riche en minéraux essentiels; et le sirop d'érable, le préféré des Américains. Ils sont tous acceptables si vous ne vous en tenez pas strictement au régime cru et si vous limitez les quantités. La stevia est une herbe offerte en poudre ou sous forme liquide. Elle est incroyablement sucrée (300 fois plus que le sucre) et vous n'en avez besoin que de très petites quantités. Il peut être difficile d'ajuster le goût : trop et vous obtiendrez un goût prononcé de réglisse; trop peu et votre plat ne sera pas assez sucré. Il est illégal de vendre de la stevia comme édulcorant aux États-Unis, au Canada et au Royaume-Uni, et la plupart des gens de l'industrie des aliments naturels croient qu'il s'agit de pressions exercées par les fabricants de sucre plutôt que de soi-disant risques pour la santé.

Le tamari, la sauce soja, le miso, l'aminos liquide, la sauce de chanvre et le sel fin de l'Himalaya

Ce sont les assaisonnements que nous utilisons pour ajouter un peu de sel à nos recettes et en faire ressortir les saveurs. Ils sont très épicés, alors utilisez-les avec modération; le moins possible. Je recommande la marque Clearspring pour le tamari et la sauce soja qui sont de source naturelle. Le tamari est sans blé. Recherchez le miso non pasteurisé. Nous utilisons celui de Source Foods qui provient du sel de mer islandais géothermique et dont la teneur en sodium est faible. Bien que le miso ne soit pas un aliment cru, il est vivant. En raison du processus de fermentation, il contient des enzymes vivantes. Braggs produit l'aminos liquide original. Celui de Marigold est beaucoup plus facile à trouver au Royaume-Uni. Paul Bragg a été un pionnier du régime crudiste aux États-Unis et ce produit a été très populaire. Il fait maintenant l'objet d'une certaine controverse parce qu'il contient une protéine végétale hydrolysée et du glutamate de sodium naturel. Personnellement, je crois qu'un produit lourdement traité comme celui-ci ne sera jamais bon si vous en consommez des cuillers à soupe, mais un trait sur une salade relèvera sa saveur sans vraiment nuire à l'organisme. Le goût de la sauce de chanvre se rapproche de celui de l'aminos et elle est faite à partir de graines de chanvre fermentées et de sel de mer. C'est un bon substitut au bouillon dans les sauces. Le sel fin de l'Himalaya est un merveilleux sel rose que l'on trouve dans l'un des endroits les plus purs du monde. Riche en minéraux, il contribue à l'absorption. J'aime en ajouter une pincée à des plats sucrés ou salés. Vous pouvez utiliser du sel de mer en gros cristaux si vous préférez.

La vanille

Les gousses constituent le choix le plus frais et le plus goûteux pour varier la saveur de vos crèmes, vos crèmes glacées et vos sucreries. Si vous n'utilisez pas votre mélangeur, vous pouvez tailler une fente dans la gousse avec un couteau et recueillir les graines pour votre recette. Les gousses doivent être conservées dans un contenant étanche pour en préserver le goût et l'arôme. L'extrait de vanille est le deuxième choix. Il n'est pas cru et il est préservé dans l'alcool, mais la vanille est pure. Évitez l'essence de vanille qui n'est qu'une pâle imitation.

Les légumes

Lorsque la recette indique « 2 carottes » ou « 1 oignon », il s'agit de légumes de taille moyenne. N'hésitez pas à jouer avec les quantités et ajustez-les en conséquence. Par exemple, si vos carottes sont très grosses et que la recette en demande deux, il peut être préférable d'en utiliser une et demie. Inversement, si vos oignons sont très petits, et que la recette demande un demi-oignon, il est préférable d'en utiliser un en entier. L'un des avantages de la préparation des aliments crus est qu'il est très difficile de se tromper. Ce n'est pas comme la cuisine traditionnelle : si vos œufs ne sont pas assez battus ou votre sauce n'est pas assez chaude, les résultats peuvent être désastreux. Ayez recours à l'intuition dans vos recettes et le plat sera différent chaque fois.

Essayez de vous procurer des aliments locaux et en saison chaque fois que vous le pouvez. Il vaut mieux ne pas courir après des ingrédients qui ont parcouru la moitié du globe, surtout quand les fruits et légumes du pays ont bien meilleur goût. Les aliments biologiques sont préférables, mais ne constituent pas toujours le meilleur choix. Je dirais qu'en ce qui concerne la saveur et la valeur nutritive, il vaut mieux acheter une pomme anglaise qui n'est pas certifiée biologique qu'une pomme biologique de la Nouvelle-Zélande. Si le fruit ou le légume que vous recherchez n'est pas en saison, essayez de lui trouver un remplaçant. Lorsque vous achetez des légumes-feuilles, optez pour l'emballage minimal. Non seulement le plastique est nocif pour l'environnement, mais il nuit à la qualité du produit.

Le vinaigre

Un vinaigre de cidre de pomme non pasteurisé, de bonne qualité, d'Aspall devrait être cru. À l'occasion, nous utilisons du vinaigre de riz et du vinaigre balsamique qui ne sont pas crus. Vous pouvez également opter pour le jus de citron ou de lime.

Les trempettes

Pourquoi un tel choix de trempettes ? Elles sont vraiment une denrée du régime crudiste, comme le sandwich dans un régime traditionnel. Infiniment variées, elles transforment une humble carotte en un festin. Généralement nous en mangeons tous les jours, pour le dîner ou le souper. Vous pouvez modifier légèrement une recette pour en changer le goût et en faire une nouvelle expérience; la même trempette peut servir de différentes façons pour créer une variété étonnante de plats.

Nos légumes favoris pour la trempette sont les bâtonnets de carotte, les bouquets de brocoli, les petits épis de maïs sucré, les pois « Sugar Snap » et les patates douces (pelées et en bâtonnets, comme les carottes). Cela dit, vous pouvez utiliser n'importe quoi : champignons, chou-fleur, poivron, céleri, concombre et ainsi de suite. Servez un choix de légumes avec une ou deux trempettes et peut-être quelques craquants faits au déshydrateur et vous aurez une collation ou un repas léger, délicieux et rapide. Les trempettes sont parfaites pour les réceptions et faciles à préparer lorsque vous recevez un grand nombre d'invités. Elles sont très attrayantes si vous disposez les légumes de différentes couleurs sur un plat de service.

Les roulés de feuille de nori sont une autre denrée crue. Étendez la trempette sur la feuille, saupoudrez de quelques germes et de légumes finement hachés puis roulez (consultez le livre *Certains l'aiment cru* pour trouver d'autres suggestions). Vous pouvez les essayer avec des feuilles de laitue, du chou ou du chou chinois.

Vous pouvez également ajouter un peu d'eau pour les éclaircir et obtenir de riches sauces intéressantes pour la salade. Mélangez simplement quelques feuilles vertes, dans un bol et voilà ! Un repas gourmet en quelques minutes.

Vous pouvez les manger avec des croustilles au maïs. Faites-vous plaisir tout en profitant d'un mets très nourrissant.

Un autre conseil : déshydratez les restes. Étendez-les en couche mince sur une feuille et une fois le tout bien sec, rangez-les dans un contenant étanche au réfrigérateur. Ensuite, émiettez-les dans une salade pour lui donner un peu de texture. La déshydratation intensifie les saveurs pour créer de délicieux croûtons crus.

Sauce/trempette asiatique

Elle ressemble aux sauces rouges servies avec les rouleaux de printemps chinois ou thaïlandais. Très liquide, elle ne convient pas comme trempette pour les crudités, mais elle est excellente avec les rouleaux de printemps de *Certains l'aiment cru*.

5 min
Mélangeur
4 portions

Ingrédients
3 tomates
1 piment fort, épépiné
1 gousse d'ail

15 ml (1 c. à soupe) de tamari
15 ml (1 c. à soupe) de nectar d'agave
15 ml (1 c. à soupe) d'huile de sésame

Coupez les tomates en quartiers. Mettez le tout dans l'appareil et mélangez jusqu'à ce que les tomates soient en purée. Laissez reposer le mélange une heure ou deux avant de servir, il épaissira légèrement.

La substance appelée capsicine donne au piment fort sa saveur piquante : plus le piment en contient, plus sa saveur est piquante. Les variétés de piment les plus piquantes sont les piments Scotch Bonnet et habanero. J'utilise habituellement les piments longs et fins que l'on trouve dans les supermarchés.

Trempette sucrée aux amandes

Les enfants l'aiment beaucoup. Servez-la avec des légumes, comme les carottes, le concombre et le brocoli et avec un peu de chance, ils en mangeront beaucoup. Diluée avec un peu d'eau, c'est une excellente sauce à salade.

5 min
Mélangeur
2 portions

Ingrédients
15 ml (1 c. à soupe) de nectar d'agave
30 ml (2 c. à soupe) de beurre d'amandes
15 ml (1 c. à soupe) d'huile de lin
12 g (1 c. à soupe) de flocons de levure nutritionnelle

Mettez le tout dans un bol et mélangez bien avec une cuiller.

Les amandes sont riches en graisses mono-insaturées, associées à la réduction du risque de maladie cardiaque et à un taux plus faible de cholestérol.

Trempette de Zachary

Au moment où je sevrais mon plus jeune fils, c'était mon dîner préféré (et le sien). Après l'étape des aliments pour bébé, j'ai continué à la préparer comme trempette. Elle est merveilleusement légère, son goût est juste assez sucré et avec le brocoli, elle est très nutritive.

10 min
Mélangeur
4 portions

Ingrédients
2 poires
2 petites têtes de brocoli
15 ml (1 c. à soupe) d'huile de lin
30 ml (2 c. à soupe) de beurre de sésame
30 ml (2 c. à soupe) de flocons de nori

Hachez les poires. Retirez les cœurs et les tiges. Mettez dans le mélangeur. Elles se transformeront facilement en pâte. Ajoutez le brocoli, l'huile et le beurre. Mélangez de nouveau. Assurez-vous que les têtes de brocoli sont toujours dans les lames et ne se cachent pas dans la purée. Ajoutez les flocons de nori en remuant ou mélangez brièvement. Lorsque vous êtes certaine que le tout est bien mélangé, servez en roulé dans une feuille de laitue ou de nori avec beaucoup de luzerne.

La poire constitue une bonne source de cuivre, un oligoélément. Elle contient en moyenne 10 % de l'apport quotidien recommandé.

Trempette au persil

Le citron ajoute toujours du piquant à toute trempette et fait ressortir les saveurs du persil. C'est une trempette pour adulte. Les enfants trouvent sa saveur trop envahissante, mais elle peut être utilisée de bien des façons : comme tartinade, comme trempette, dans les roulés ou comme sauce pour salade.

10 min/4 à 8 h de prétrempage
Mélangeur
4 portions

Ingrédients
1 gros bouquet de persil
90 g (½ tasse) de graines de sésame, prétrempées de 4 à 8 h
60 ml (¼ tasse) d'huile d'olive
Jus de 2 citrons
5 ml (1 c. à thé) de varech
2 gousses d'ail

Préparez le persil; hachez-le de façon à ce qu'il convienne à votre mélangeur. Égouttez les graines de sésame. Mettez le tout dans le mélangeur et transformez en purée jusqu'à l'obtention d'un mélange lisse. Si vous n'avez pas de mélangeur à haute vitesse, ce travail pourrait être difficile. Coupez le persil très fin et envisagez de remplacer les graines de sésame ou la moitié de la quantité par du beurre de sésame.

On trouve couramment deux variétés de persil : le persil à feuilles plates ou frisées. La feuille frisée a une saveur plus intense, alors que la feuille plate est plus parfumée. Dans ma famille, nous utilisons les deux, selon notre humeur.

Trempette de guacamole de Reuben

Mes fils n'ont jamais beaucoup aimé les avocats, surtout quand ils sont un peu mûrs. Ils ont toujours prétendu qu'ils ne mangeraient jamais de guacamole, mais il me plaît beaucoup. J'ai donc préparé la trempette préférée de Reuben (voir *Certains l'aiment cru*) en y ajoutant de l'avocat pour créer une trempette que toute ma famille aime.

5 min
Mélangeur
4 portions

Ingrédients
Jus d'un citron
1 gros avocat
1 grosse tomate
15 ml (1 c. à soupe) de vinaigre de cidre de pomme
30 ml (2 c. à soupe) de beurre de sésame
5 ml (1 c. à thé) de miso
2 g (1 c. à soupe) de flocons de levure nutritionnelle
5 ml (1 c. à thé) de poudre de varech

Pressez le citron et ajoutez le jus au mélangeur. Pelez et dénoyautez l'avocat. Mettez la chair dans le mélangeur. Coupez la tomate en quartiers et ajouter-les au mélangeur avec le reste des ingrédients. Mélangez jusqu'à l'obtention d'une crème. Servez avec des crudités. Pour une collation rapide, étendez une petite quantité de trempette sur une feuille de laitue romaine, ajoutez un peu de luzerne, roulez et dégustez.

Si vous aimez les superaliments, saupoudrez un peu de copeaux de cacao cru ou de pollen d'abeille sur votre guacamole.

Hoummos de graines de chanvre

Cette trempette a été notre préférée pendant longtemps. Une cuiller à soupe de graines de sésame contient huit fois plus de calcium qu'une tasse de lait de vache. Elles sont donc excellentes pour les enfants en pleine croissance. Elles leur fournissent en outre une bonne dose d'acides gras essentiels et une quantité modérée de protéines.

10 min/4 à 8 h de prétrempage
Mélangeur
4 à 6 portions

Ingrédients
200 g (1 tasse et 2 c. à soupe) de graines de sésame, prétrempées de 4 à 8 h
60 g (⅓ tasse) de graines de chanvre, prétrempées de 4 à 8 h
Jus d'un citron
15 ml (1 c. à soupe) d'huile d'olive
1 gousse d'ail
2,5 ml (½ c. à thé) de sel fin de l'Himalaya
250 ml (1 tasse) d'eau

Égouttez les graines. Mettez le tout dans le mélangeur et mélangez pour obtenir une pâte crémeuse. Les graines de sésame se désintégreront complètement, mais les graines de chanvre peuvent laisser de petits morceaux noirs qui se brisent et laissent échapper de riches huiles. Conservez le hoummos au réfrigérateur et mangez-le dans les cinq jours.

Chutney aux dattes

Exquis avec les burgers plutôt que le ketchup.

5 min
Mélangeur
4 portions

Ingrédients
150 g (1 tasse) de dattes fraîches, dénoyautées
30 ml (2 c. à soupe) de vinaigre de cidre de pomme
15 ml (1 c. à soupe) d'huile de sésame
0,5 cm (¼ po) de racine de gingembre
1 gousse d'ail
½ piment fort

Mettez tous les ingrédients dans un mélangeur. Ils devraient se transformer en crème plus ou moins instantanément si vous utilisez de bonnes dattes molles. Assurez-vous qu'il ne reste aucun petit morceau d'ail ou de piment ! Les piments forts ont des propriétés curatives étonnantes. On prétend qu'ils combattent l'inflammation, réduisent la congestion, stimulent l'immunité et même qu'ils réduisent le risque de maladie cardiovasculaire.

Chutney à la coriandre

Adapté à partir d'une vraie recette indienne, ce chutney accompagne bien les bhajis à l'oignon du livre *Certains l'aiment cru*. C'est un chutney piquant et crémeux, dont la saveur est assez complexe et légèrement épicée. Il est délicieux dans les roulés de laitue avec un peu de germes de haricot.

5 min/4 à 8 h de prétrempage
Mélangeur
4 portions/un pot

Ingrédients
1 gros bouquet de coriandre
½ oignon
1 piment fort, tige et graines enlevées
Jus d'une lime

5 ml (1 c. à thé) de garam massala
2 dattes, dénoyautées
5 ml (1 c. à thé) de tamari
20 g (2 c. à soupe) d'amandes, prétrempées de 4 à 8 h
125 ml (½ tasse) d'eau

Hachez la coriandre grossièrement. Mettez le tout dans l'appareil et mélangez jusqu'à l'obtention d'une purée épaisse. Avec le basilic et l'origan, la coriandre est une denrée de notre cuisine. Nous en ajoutons souvent quelques brins au jus de légumes, ou quelques feuilles dans une salade pour un surcroît de saveur.

Ketchup aux carottes

Une autre solution de rechange à la tomate. Les carottes ont une délicieuse saveur fruitée en purée dans une trempette.

10 min
Mélangeur
4 portions

Ingrédients
60 g (⅓ tasse) de tomates séchées (p.186)
4 carottes
4 dattes, dénoyautées
½ oignon, pelé et haché
15 ml (1 c. à soupe) de vinaigre de cidre de pomme
5 ml (1 c. à thé) de miso
5 ml (1 c. à thé) de varech
125 ml (½ tasse) d'eau

Si vous utilisez des tomates séchées du marché, vous devez les faire tremper jusqu'à une heure pour les amollir un peu avant de les utiliser. Enlevez les parties inférieure et supérieure des carottes et coupez en morceaux assez petits pour votre mélangeur. Mettez tous les ingrédients dans l'appareil et mélangez. Si vos carottes sont trop grosses, vous devrez peut-être ajouter un peu plus d'eau, mais pas trop, car le mélange doit avoir la consistance épaisse du ketchup classique. Servez avec des burgers ou tartinez sur des craquelins.

Ketchup au poivron rouge

Super ! Bien meilleur qu'avec des tomates et plus sain. Les poivrons rouges ont une teneur en eau élevée. Si vous les passez au mélangeur, ils deviennent très liquides. Vous pouvez utiliser des poivrons jaunes pour obtenir un ketchup doré.

10 min
Mélangeur
4 portions

Ingrédients
60 g (⅓ tasse) de tomates séchées (p. 186)
3 poivrons rouges
4 dattes
½ oignon
15 ml (1 c. à soupe) de vinaigre de cidre de pomme

Si vous utilisez des tomates séchées du marché, vous devez les faire tremper jusqu'à une heure pour les amollir un peu avant de les utiliser. Enlevez la tige et les graines et hachez les poivrons aussi finement que nécessaire pour votre mélangeur. Déposez dans le mélangeur. Dénoyautez les dattes, pelez l'oignon et ajoutez au mélangeur avec le vinaigre et les tomates. Mélangez le tout ensemble. Le résultat devrait avoir la même consistance que le ketchup. Ce ketchup est excellent avec les burgers ou comme trempette avec des crudités.

Les tomates sont très acides. Les adeptes de macrobiotique et d'Hippocrate les évitent.

Citron mariné

Carley's est un producteur d'aliments biologiques de Cornwall (Royaume-Uni) qui prépare des aliments gourmet de haute qualité. Il offre une gamme de beurres de noix crues très populaires (pacanes, noix tropicales et mélange de graines) de même que ces fabuleux citrons marinés en conserve. Ils sont excellents en salade, mais je les aime dans ce chutney dont on ne peut plus se passer. Prenez garde toutefois ! Ils sont très salés, donc évitez les excès.

5 min
Mélangeur
4 portions

Ingrédients
1 piment fort
4 dattes fraîches, dénoyautées
1 cm (½ po) de racine de gingembre
1 gousse d'ail
30 ml (2 c. à soupe) d'huile d'olive
200 g (1 tasse) de citrons en conserve

Enlevez et jetez la tige et les graines du piment fort. Mettez le tout dans le mélangeur, sauf les citrons, et mélangez jusqu'à l'obtention d'une purée. Assurez-vous qu'il ne reste aucun morceau de piment ou d'ail. Si vous utilisez un mélangeur haute puissance, vous pouvez y mettre les citrons et les mélanger à 3 ou à 4 pour vous assurer qu'ils restent en morceaux. Si ce n'est pas le cas, vous pouvez les passer au robot culinaire ou les hacher à la main puis les mettre dans le mélangeur. Ils doivent rester en morceaux de la taille d'une noisette. Conservez le citron mariné au réfrigérateur. Il se conserve bien. Il est excellent avec les burgers, comme trempette pour les craquants ou pour rehausser une salade.

Aux États-Unis, au milieu du XIXe siècle, les citrons étaient précieux comme protection contre le scorbut. Ils se vendaient même au prix d'un dollar chacun.

Les pâtés et les tartinades

Les pâtés sont toujours à l'honneur dans les poivrons farcis. Coupez-les en deux dans la longueur, enlevez les graines et remplissez-les de pâté. Les tranches de concombre tartinées de pâté font d'excellents petits canapés. Il est également facile de tartiner les pâtés sur une feuille de laitue ou de nori et d'en faire des roulés. Certains d'entre eux sont assez consistants pour les rouler en boules et les servir comme « falafels » avec une sauce. Si vous avez un déshydrateur, vous pouvez même y mettre les boules pendant quelques heures pour qu'elles soient croustillantes et regorgent de saveurs. Bien sûr, vous pouvez utiliser les pâtés comme tartinade sur du pain ou des craquelins.

Fromage à la crème de noix de cajou

C'est un excellent choix pour les non-crudistes, car il est irrésistible. Si vous êtes un peu extravagante, vous pouvez essayer la recette avec des noix macadamia ou des pignons comme gâterie gourmet.

5 min/8 à 12 h de prétrempage
Mélangeur
4 portions

Ingrédients
120 g (⅔ tasse) de noix de cajou, prétrempées de 8 à 12 h
Jus d'un citron
5 ml (1 c. à thé) de miso
½ oignon
250 ml (1 tasse) d'eau
1 bouquet de ciboulette

Mettez tous les ingrédients, sauf la ciboulette, dans le mélangeur et laissez fonctionner quelques minutes. Ciselez la ciboulette en morceaux aussi petits que vous le pouvez. Ajoutez-les au mélange en remuant. Les petits morceaux de noix de cajou se cachent habituellement dans le mélange, à moins que vous ne les mélangiez vraiment à fond. Si vous mettez le fromage dans un pot au réfrigérateur, il épaissira davantage.

Les noix de cajou subissent en général un traitement thermique, car l'intérieur de l'écale contient une résine caustique utilisée dans les insecticides. Elles sont traitées à la vapeur à des températures élevées pour détacher la noix de l'écale, sans la résine. Vous pouvez acheter des noix de cajou vraiment crues dans les magasins d'aliments crus en ligne.

Pâté Happy

C'est l'un de mes préférés. Une combinaison fruitée vraiment vibrante, particulièrement populaire chez les enfants grâce à son goût naturellement sucré.

5 min / 8 à 12 h de prétrempage
Mélangeur
8 portions/2 pots

Ingrédients
½ poivron rouge
2 carottes
1 tomate
60 g (⅓ tasse) d'amandes, prétrempées de 8 à 12 h
2 dattes, dénoyautées
Jus d'un citron

Préparez le poivron, les carottes et la tomate et hachez-les, de façon à pouvoir les passer au mélangeur. Ajoutez le reste des ingrédients et mélangez. Si votre mélangeur n'est pas assez puissant, ajoutez un peu d'eau ou d'huile d'olive. Servez avec des crudités vertes, comme le brocoli, le concombre et le céleri, pour un dîner collation rapide. Conservez le pâté au réfrigérateur et consommez-le dans les quelques jours.

Les amandes sont en fait des graines qui proviennent du fruit de l'amandier, de la même famille d'arbres que l'abricotier et le pêcher. J'ignore pourquoi nous ne mangeons pas son fruit.

Pâté d'olives

Une version moins riche de la tapenade; vous pouvez donc en manger en plus grandes quantités. Essayez-le sur des craquelins ou dans les roulés.

10 min
Mélangeur
4 portions

Ingrédients

2 tomates
1 branche de céleri
1 brin de persil
90 g (½ tasse) d'olives

½ piment fort, épépiné
2 g (2 c. à soupe) de dulse
15 ml (1 c. à soupe) d'huile d'olive

Coupez les tomates en quartiers. Hachez un peu le céleri et le persil. Mettez le tout dans le mélangeur et transformez jusqu'à l'obtention d'un mélange lisse.

Les olives sont l'une des meilleures sources alimentaires de vitamine E, l'antioxydant liposoluble. Elles sont également riches en graisses mono-insaturées et cette combinaison en fait un aliment exceptionnel sur le plan nutritionnel.

Pâté de pomme et de noisettes

Un délicieux pâté léger et crémeux qui convient aux roulés de nori.

5 min/8 à 12 h de prétrempage
Mélangeur
4 portions/500 ml (2 tasses)/un gros pot

Ingrédients

1 pomme
1 tomate
1 branche de céleri
120 g (¾ tasse) de noisettes, prétrempées de 8 à 12 h

11 g (1 c. à soupe) de tomates séchées (p. 186)
5 ml (1 c. à thé) de miso blanc
30 ml (2 c. à soupe) d'huile d'olive
30 ml (2 c. à soupe) de vinaigre de cidre de pomme

Préparez la pomme, la tomate et le céleri pour le mélangeur. Mettez le tout dans l'appareil et mélangez jusqu'à l'obtention d'une purée épaisse.

Ajouter un peu de pomme à tout plat salé est un excellent moyen de l'adoucir et de créer un contraste de saveurs. Saupoudrez un peu de pomme râpée dans une salade ou mélangez la moitié d'une pomme dans une soupe ou une sauce.

Pâté de pignons

Il convient à de nombreux usages; une délicieuse trempette ou sauce pour salade très riche. Il est excellent dans les roulés ou déshydraté comme garniture très relevée pour la salade.

5 min/4 à 8 h de prétrempage
Mélangeur
Un gros pot

Ingrédients
120 g (¾ tasse) de pignons, prétrempés de 4 à 8 h
15 ml (1 c. à soupe) d'huile d'olive
1 petit bouquet de basilic
3 tomates, hachées
1 gousse d'ail
10 ml (2 c. à thé) de miso blanc

Mettez le tout dans le mélangeur. Vous ne devriez pas avoir besoin de liquide, les tomates suffiront. Mélangez pendant quelques minutes jusqu'à l'obtention d'une crème vert clair.

Les pignons peuvent être chers, mais ils sont très populaires dans la cuisine crue pour l'aspect crémeux et riche qu'ils apportent à un plat et leur goût parfumé exquis. Achetez-les en vrac et conservez-les dans un contenant étanche dans un endroit sombre.

Pâté Sunshine

Basé sur la recette de soupe Sunshine de *Certains l'aiment cru*, ce pâté est en quelque sorte une version plus « adulte ». Un peu plus épicé et dense, il est trop épais pour servir de trempette, mais il convient comme tartinade dans les roulés de feuilles de laitue ou de nori.

5 min/de 8 à 12 h de prétrempage
Mélangeur
8 portions/2 pots

Ingrédients
2 carottes
2 tomates
1 poivron jaune
120 g (¾ tasse) d'amandes, prétrempées de 8 à 12 h
5 ml (1 c. à thé) de tamari
Jus d'un citron
5 ml (1 c. à thé) de poudre de cumin

Préparez les carottes, les tomates et le poivron en enlevant les parties indésirables. Hachez-les suffisamment pour les passer facilement au mélangeur. Mettez ces légumes dans le mélangeur, en commençant par les tomates, car elles se liquéfient plus facilement et s'empêtrent moins dans les lames. Mélangez jusqu'à l'obtention d'une purée lisse. Ajoutez le reste des ingrédients et continuez à mélanger jusqu'à ce qu'il ne reste plus de grumeaux ou de morceaux d'amandes. Conservez au réfrigérateur (ne se conserve que quelques jours).

Assurez-vous de bien enlever les graines du poivron. Bien qu'elles soient comestibles, elles sont amères et ne présentent aucun avantage particulier sur le plan nutritionnel.

Tapenade

La tapenade est une tartinade d'olives méditerranéenne faite d'olives dénoyautées. Essentiellement, ce n'est qu'une excuse pour manger une bonne quantité d'olives, l'une des meilleures sources de protéines et de graisses saines. C'est une trempette merveilleusement riche à saveur du terroir. Elle est meilleure tartinée frugalement sur du pain ou des craquelins, ou comme sauce sur un amas de légumes-feuilles et de germes.

5 min/1 h de trempage
Mélangeur
Un petit pot

Ingrédients
90 g (½ tasse) d'olives, dénoyautées
30 g (3 c. à soupe) de tomates séchées (p. 186)
15 ml (1 à soupe) d'huile d'olive
5 ml (1 c. à thé) de vinaigre
1 gousse d'ail écrasée

Si vous utilisez des tomates séchées du marché, vous devez les faire tremper jusqu'à une heure pour les amollir un peu avant de les utiliser. À moins d'avoir un mélangeur haute puissance, vous constaterez que votre robot culinaire convient mieux pour cette recette. Mettez-y tous les ingrédients et transformez-les jusqu'à ce qu'ils soient complètement en purée, sans morceaux de tomate visibles.

Il existe un olivier en Croatie qui doit avoir près de 2000 ans selon l'analyse des cernes, et il produit toujours des fruits. J'aimerais bien les goûter !

Pâté de noix

Un merveilleux pâté dense et consistant; une bonne farce pour les poivrons et les roulés de nori.

10 min/8 à 12 h de prétrempage
Mélangeur
4 à 6 portions

Ingrédients

2 branches de céleri
1 poivron rouge
300 g (2 tasses) de noix, prétrempées de 8 à 12 h
Jus d'un citron

15 ml (1 c. à soupe) de miso blanc
60 g (⅓ tasse) de tomates séchées (p. 186)
60 ml (¼ tasse) d'eau

Hachez le céleri, enlevez la tige et les graines du poivron et hachez-le. Mettez le tout dans l'appareil et mélangez jusqu'à l'obtention d'une crème.

La plupart des gens savent maintenant que le poisson et les graines de lin sont une bonne source des précieux acides gras oméga 3, mais saviez-vous que les noix le sont également ? 25 g (1 oz) de noix contiennent environ 90 % de l'apport quotidien recommandé.

Les sauces pour salade

Les sauces peuvent transformer une simple salade en un plat étonnant. Prenez plusieurs feuilles fraîches, par exemple de roquette ou de mâche; ajoutez une sauce épicée pour vous réveiller; une sauce crémeuse pour vous apaiser; une sauce fruitée pour vous réconforter; une sauce verte pour vous nettoyer ou une sauce acide pour donner un peu d'intensité. Vous obtiendrez une salade très différente chaque fois. Qui a dit que les aliments crus étaient ennuyeux ? Il en existe pour tous vos états d'âme.

Ma sauce préférée est simple : un mélange d'huile de lin, de vinaigre de cidre de pomme, de Seagreens et de flocons de levure nutritionnelle.

Pesto

Je me suis finalement décidée à préparer mon propre pesto, et ce fut une révélation ! Vous avez besoin d'un gros bouquet de basilic. Cela dit, le goût du pesto fait de basilic frais ne se compare en rien au pesto acheté en pot. Il est trop riche pour l'utiliser comme trempette, mais vous pouvez l'étendre sur du pain. Il est surtout excellent comme sauce pour salade.

10 min • Mélangeur • 4 portions

Ingrédients

1 gros bouquet de basilic, haché grossièrement
60 g (⅓ tasse) de pignons
2 g (2 c. à soupe) de flocons de levure nutritionnelle
30 ml (2 c. à soupe) d'huile d'olive

15 ml (1 c. à soupe) de nectar d'agave
5 ml (1 c. à thé) de vinaigre de cidre de pomme
2 gousses d'ail
5 ml (1 c. à thé) de tamari

Mettez le tout dans votre mélangeur ou votre robot culinaire. Mélangez jusqu'à ce que le basilic soit complètement déchiqueté, jusqu'à l'obtention d'une merveilleuse pâte verte et riche. Préparez quelques courgettes avec votre trancheur en spirale et couvrez-les de ce voluptueux pesto.

Pesto à l'avocat

Rapide, facile et tellement délicieux !

5 min • Mélangeur • 4 portions

Ingrédients

1 avocat
1 bouquet de basilic
30 ml (2 c. à soupe) d'huile d'olive
Jus de 2 citrons

2 gousses d'ail
2 dattes
5 ml (1 c. à thé) de miso

Dénoyautez l'avocat. Enlevez la chair et mettez-la dans le mélangeur. Coupez les tiges du basilic, hachez-le grossièrement et ajoutez-le au mélangeur avec les autres ingrédients. Ce pesto est excellent sur toute salade, surtout avec une salade de chou avec des légumes râpés, comme les carottes et le chou.

Ajouter de l'avocat aux salades peut contribuer à l'absorption des lycopènes antioxydants (dans les tomates) et du carotène (dans les carottes). Ce sont les graisses mono-insaturées de l'avocat qui améliorent la biodisponibilité de ces nutriments. Cela explique en partie pourquoi les crudistes ont tendance à mettre de l'avocat dans tous leurs plats.

Satay à la noix de coco

La noix de coco fraîche est un aliment incroyable qui regorge de graisses saines, comme l'acide laurique, un acide gras essentiel que l'on trouve aussi dans le lait maternel. Elle s'allie bien aux dattes et cette sauce est à la fois rafraîchissante et nourrissante.

10 min
Mélangeur
2 portions

Ingrédients
120 g (1 ½ tasse) de chair de noix de coco
30 ml (2 c. à soupe) d'huile d'olive
4 dattes, dénoyautées
½ piment fort, épépiné
Jus d'un citron
125 ml (½ tasse) d'eau

Enlevez la chair de noix de sa coque. Il y a un truc avec un marteau et un ciseau, mais je ne suis pas très douée. Détachez la chair avec le ciseau. Hachez la chair en petits morceaux et mettez-les dans le mélangeur avec les autres ingrédients. Si vous avez un mélangeur haute puissance, vous obtiendrez un merveilleux mélange crémeux. Avec un mélangeur courant, la chair ne se désintégrera pas complètement, mais vous obtiendrez un bon mélange qui convient bien comme sauce sur des légumes-feuilles frais. La sauce se conserve un jour au deux au plus, car la noix de coco fraîche rancit rapidement.

Pour extraire la noix de coco, trouvez un endroit où placer la noix de coco contre quelque chose de solide et de sécuritaire, le pas de porte est idéal. Donnez un coup de marteau sur le dessus de la noix à environ un tiers de distance de ce point; tournez-la légèrement et donnez un autre coup. Lorsque vous aurez donné trois coups, le dessus devrait se détacher facilement. Versez l'eau et buvez-la, elle est délicieuse !

Pesto à la coriandre

Levez la main celles qui croyaient qu'on ne pouvait faire du pesto qu'avec du basilic. D'accord, techniquement vous avez probablement raison, mais cette version qui utilise de la coriandre fraîche est tout aussi délicieuse.

10 min
Mélangeur
4 portions

Ingrédients
1 bouquet de coriandre
1 piment fort
60 ml (¼ tasse) d'huile d'olive
75 g (½ tasse) de noix du Brésil
Jus de 2 limes
2 gousses d'ail
2 dattes
5 ml (1 c. à thé) de tamari

Hachez grossièrement la coriandre. Préparez le piment fort. Enlevez les graines et la tige. Ajoutez tous les ingrédients dans l'appareil et mélangez jusqu'à l'obtention d'une crème épaisse. Si votre mélangeur n'est pas très puissant, vous devrez peut-être ajouter un peu d'eau.

Les noix du Brésil comptent parmi les noix les plus faciles à travailler pour faire du beurre de noix crues. Mettez-les dans votre mélangeur ou votre robot culinaire et laissez-le fonctionner pendant quelques minutes jusqu'à ce qu'il commence à chauffer. Si elles ne sont pas déjà à l'état liquide, laissez le mélange refroidir pendant cinq minutes et répétez le processus. Conservez les beurres de noix frais au réfrigérateur pour éviter qu'ils deviennent rances.

Sauce crémeuse au concombre

Une sauce crémeuse, mais étonnamment légère, très alcalinisante.

10 min/4 à 8 h de trempage
Mélangeur
4 à 6 portions

Ingrédients
1 concombre
120 g (¾ tasse) de graines de tournesol germées
2 gousses d'ail
Jus d'un citron
5 ml (1 c. à thé) de miso

Hachez le concombre en morceaux assez petits pour votre mélangeur. Mélangez tous les ingrédients, ce qui devrait être assez facile. Versez sur un amas de feuilles vertes. C'est tellement bon ! Vous aurez envie d'en manger comme soupe. Les graines de tournesol comptent parmi les graines les plus faciles à faire germer, un excellent point de départ ! La germination ne demande que quelques jours. N'attendez pas trop longtemps, car elles deviendront brunes.

Sauce au poivron rouge

Le poivron rouge et le citron font une excellente combinaison. Ensemble, ils donnent un goût incroyablement fruité et piquant. Cette sauce se prépare littéralement en quelques secondes et peut transformer une simple assiette de feuilles. Essayez-la en filet sur des feuilles de roquette.

5 min
Mélangeur
4 portions

Ingrédients
1 poivron rouge
30 ml (2 c. à soupe) d'huile d'olive
Jus d'un citron
1 gousse d'ail
5 ml (1 c. à thé) d'herbes de Provence

Enlevez la tige et les graines du poivron. Hachez-le grossièrement et mettez-le dans le mélangeur. Ajoutez l'huile, le jus de citron et l'ail et mélangez jusqu'à l'obtention d'un liquide. Ajoutez les herbes en remuant et servez immédiatement.

Les herbes de Provence sont un mélange de fines herbes séchées qui comprend généralement du thym, du basilic, de la marjolaine, une feuille de laurier et du romarin.

Sauce à l'ananas

C'est une sauce vibrante et âpre. Prenez une pleine assiette de feuilles de roquette, mélangez un peu d'avocat et de germes de haricots, ajoutez la sauce et vous avez un repas de roi.

5 min/10 à 20 min de trempage
Mélangeur
4 portions

Ingrédients
60 g (¼ tasse) d'ananas séché, trempé de 10 à 20 min
½ cm (¼ po) de racine de gingembre
1 gousse d'ail
Jus d'un citron
30 ml (2 c. à soupe) d'huile de sésame
30 ml (2 c. à soupe) d'eau

Trempez l'ananas à l'avance. Lorsqu'il est prêt, égouttez-le et mettez-le dans le mélangeur avec tous les autres ingrédients. Mélangez le tout pendant une minute ou deux. Assurez-vous qu'il n'y a pas de morceaux de gingembre qui flottent.

Variante
Remplacez l'ananas séché par de la papaye ou de la mangue séchée. Tropical Wholefoods offre des fruits séchés au soleil de très grande qualité.

Sauce douce au piment fort

Vous pouvez vous procurer cette sauce dans une épicerie asiatique et dans les supermarchés. Essentiellement, elle est constituée de sucre et d'épices. Bien que piquante, elle est plus facile à manger grâce à son goût sucré. Habituellement, on l'utilise comme trempette pour les rouleaux de printemps et les barbecues, mais je l'utilise comme sauce à salade.

5 min
Mélangeur
4 portions/un petit pot

Ingrédients
16 dattes, dénoyautées
2 piments forts, épépinés
3 gousses d'ail
1 cm (½ po) de racine de gingembre
Jus de 2 limes
15 ml (2 c. à soupe) d'eau

Préparez tous les ingrédients et mettez-les dans le mélangeur avec l'eau. Ajoutez plus d'eau pour une sauce plus liquide. Je l'aime épaisse, car elle enduit bien la salade.

Le gingembre est très bon pour la digestion. Il est apaisant et calmant pour les intestins. C'est pourquoi il est si populaire comme remède maison pour la nausée pendant la grossesse.

Sauce aux noix

C'est une sauce piquante très savoureuse pour égayer votre salade lorsque votre réfrigérateur est presque vide et que vous manquez d'inspiration. Elle convient bien aux légumes râpés ou aux salades de légumes-feuilles.

5 min/12 h de prétrempage
Mélangeur
4 à 6 portions

Ingrédients
150 g (1 tasse) de noix, prétrempées de 5 à 12 h
Jus d'un citron
½ oignon
5 ml (1 c. à thé) de tomates séchées (p. 186)
250 ml (1 tasse) d'eau

Mettez tous les ingrédients dans l'appareil et mélangez. Si vous avez un déshydrateur, séchez les restes. Vous obtiendrez une très belle garniture émiettée dans une salade.

Les noix constituent un bon aliment pour le cerveau ! Pas seulement parce qu'elles ressemblent à de petits cerveaux, mais parce qu'elles sont une excellente source d'acides gras oméga 3, qui favorisent la concentration et la lucidité.

Les soupes

C'est le plat le plus facile à préparer. Vous n'avez besoin que d'un bon mélangeur et en quelques minutes, vous avez un excellent plat à servir. Avec du pain essène ou des craquelins, vous avez un vrai festin. La plupart des soupes crues ne peuvent pas être chauffées, mais vous pouvez les réchauffer doucement si vous voulez vraiment un repas chaud, en particulier l'hiver. J'utilise un bain-marie. L'eau réchauffe plus doucement la soupe qu'une casserole simple. Vous pouvez également mettre la soupe dans un bol de verre dans une casserole d'eau presque bouillante. Une petite quantité de flocons de dulse (algue de l'Atlantique), de nori ou de levure nutritionnelle saupoudrée convient à toutes les soupes, avec un peu de luzerne joliment disposée comme garniture.

Soupe aux feuilles d'automne

C'est le nom que Reuben a donné à cette soupe à cause de ses couleurs et de la garniture de dulse qui ressemble à des feuilles. Le nom est doublement approprié, car cette soupe est préparée avec des légumes-racines qui sont en saison à l'automne. Utilisez du panais, de la courge ou des patates douces. Ils ont des saveurs très distinctives et vous aurez une soupe très différente chaque fois.

10 min
Mélangeur
2 portions

Ingrédients

500 g (3½ tasse) de légumes-racines
    (p. ex. courge musquée, patate douce)
2 grosses carottes
4 tomates
½ oignon
20 g (2 c. à soupe) d'amandes, prétrempées de 8 à 12 h

15 ml (1 c. à soupe) d'huile de sésame
15 ml (1 c. à soupe) de sirop d'agave
15 ml (1 c. à soupe) de vinaigre de riz brun
15 ml (1 c. à soupe) de tamari
2 g (1 c. à soupe) de cinq épices chinoises
5 g (2 c. à soupe) de flocons de dulse

Préparez les légumes de façon à ce qu'ils conviennent au mélangeur. La courge et la patate douce doivent être pelées. Mettez les tomates dans le mélangeur en premier, car elles se liquéfient facilement et aideront le reste des ingrédients à se liquéfier. Mettez le reste des ingrédients dans le mélangeur, sauf les flocons de dulse. Mélangez le tout jusqu'à l'obtention d'une purée. Pour obtenir une soupe vraiment crémeuse, vous avez besoin d'un mélangeur haute puissance. Versez la soupe dans des bols. Saupoudrez les flocons de dulse comme garniture.

La poudre de cinq épices est une excellente denrée qu'il est bon d'avoir dans votre garde-manger. Vous pouvez l'ajouter aux trempettes et aux sauces pour salade. On l'appelle ainsi parce qu'elle représente chacun des cinq éléments de la médecine chinoise et englobe les cinq saveurs : salée, aigre, sucrée, amère et âcre.

Soupe fantastique au fenouil

Le fenouil est l'un de mes légumes préférés. Il donne une merveilleuse soupe légère, simple et rafraîchissante.

5 min
Mélangeur
4 portions

Ingrédients
6 tomates
1 avocat
1 bulbe de fenouil
1 gousse d'ail
30 ml (1 c. à soupe) d'huile d'olive
30 ml (1 c. à soupe) de tamari
Une poignée de germes de luzerne

Préparez tous les légumes pour le mélangeur. Mettez les tomates en premier, car elles sont très liquides et sont plus douces pour les lames. Réservez les germes de luzerne et mettez tout le reste dans le mélangeur. Mélangez pendant une minute puis versez dans des bols, garnissez des germes de luzerne et servez.

Le fenouil donne une excellente gomme à mâcher ! Mâchez-en une tige pour vous rafraîchir l'haleine.

Soupe aux amandes et au maïs sucré

Généralement, nous essayons d'en manger en saison, ce qui signifie que les aliments, comme le maïs sucré, qui sont en saison de juillet à septembre seulement deviennent des gâteries, des délices que nous attendons toute l'année. En saison, nous mangeons du maïs sucré deux à trois fois par semaine. Cru en épi, il est excellent ! Et c'est terminé, nous devons attendre la prochaine récolte. Tout comme pour les tartes au mincemeat ou les œufs à la crème, manger selon la saison est amusant.

5 min/8 à 12 h de prétrempage
Mélangeur
Une portion

Ingrédients
1 épi de maïs sucré (environ 120 g/4 oz)
1 branche de céleri
½ oignon
30 g (3 c. à soupe) d'amandes, trempées pendant la nuit
250 ml (1 tasse) d'eau
5 ml (1 c. à thé) de miso brun
15 ml (1 c. à soupe) d'huile d'olive
8 ml (½ c. à soupe) de flocons de nori

Préparez l'épi en enlevant ses feuilles et enlevez les grains de maïs de l'épi au-dessus d'un bol, en tranchant délicatement vers le bas avec un couteau et en plaçant la lame entre les grains et l'épi. Hachez grossièrement le céleri et l'oignon et mettez-les dans le mélangeur avec les grains de maïs et le reste des ingrédients, sauf les flocons de nori. Mélangez pendant quelques bonnes minutes, en vous assurant qu'il ne reste pas de morceaux de maïs ou d'amande. Versez la soupe dans des bols. Saupoudrez les flocons de nori pour garnir.

Le maïs existe en différentes couleurs; pas seulement jaune, mais bleu, rouge, rose, noir et même pourpre. Le maïs pourpre est un antioxydant rare et puissant qui est en voie de devenir un superaliment populaire.

Soupe à la betterave

C'est vraiment ma soupe préférée. Sucrée et épicée, si vous la préparez pour des enfants, n'y mettez pas de piment. Si votre famille n'aime pas beaucoup les betteraves, testez-les dans cette recette, elle pourrait être surprise.

10 min • Mélangeur • 2 portions

Ingrédients

2 betteraves
1 carotte
3 tomates
1 piment fort
2 dattes

30 ml (2 c. à soupe) d'huile d'olive
5 ml (1 c. à thé) de tamari
2 g (1 c. à soupe) de flocons de dulse
5 ml (1 c. à thé) de flocons de levure nutritionnelle
10 g (1 c. à soupe) de pignons

Enlevez les parties inférieure et supérieure des betteraves, pelez-les et coupez-les en morceaux qui conviennent au mélangeur. Enlevez les parties inférieure et supérieure de la carotte, hachez-la. Coupez les tomates en quartiers. Épépinez le piment rouge. Dénoyautez les dattes. Mettez tous les ingrédients préparés dans le mélangeur, en commençant par les tomates (pour faciliter le travail de votre mélangeur) avec l'huile d'olive et le tamari. Mélangez pendant deux minutes jusqu'à ce qu'il n'y ait plus de grumeaux. Versez dans des bols et saupoudrez de dulse, de levure nutritionnelle et de pignons. Il n'y a rien comme les betteraves. La bétacyanine est le pigment qui tache vos mains, vos planches à découper et vos beaux chemisiers blancs… mais c'est également un puissant antioxydant, alors on l'accepte.

Soupe aux pois chiches

Crémeuse comme le hoummos, cette soupe est très consistante. Ne laissez pas les pois chiches germer trop longtemps. Les queues ne doivent pas être plus longues que les haricots sinon ils auront un goût de bois.

5 min • Mélangeur • 2 portions

Ingrédients

300 g (1 ¾ tasse) de pois chiches, germés
250 ml (1 tasse) de jus de carotte
3 tomates, hachées
30 ml (1 c. à soupe) de tamari
60 ml (¼ tasse) d'huile d'olive
5 g (2 c. à soupe) de dulse, rincée

22 g (2 c. à soupe) de tomates séchées (p. 186)
2 gousses d'ail
½ piment fort
500 ml (2 tasses) d'eau
2 g (1 c. à soupe) de flocons de nori

Hachez les tomates. Mettez tous les ingrédients dans le mélangeur, sauf les flocons de nori, et mélangez pendant quelques minutes. Versez dans des bols et garnissez de nori. Les pois chiches sont exceptionnellement nutritifs, car ils constituent une excellente source de protéines et d'oligoéléments, en particulier de molybdène et de manganèse.

Soupe au panais

Cette soupe crémeuse et merveilleusement sucrée est parfaite comme dîner d'hiver.

10 min • Mélangeur • 2 portions

Ingrédients

2 panais
2 branches de céleri
2 petites carottes
1 avocat
2 dattes, dénoyautées
2 gousses d'ail

15 ml (1 c. à soupe) de vinaigre de riz
5 ml (1 c. à thé) de miso
30 ml (2 c. à soupe) d'huile de graines de lin
2 g (1 c. à soupe) de granules de lécithine
625 ml (2 ½ tasses) d'eau

Préparez les légumes pour qu'ils conviennent au mélangeur. Enlevez les parties inférieure et supérieure des panais et hachez-les finement, sinon ils se désintègreront difficilement. Hachez le céleri et les carottes. Coupez l'avocat en deux, enlevez le noyau et coupez la chair en dés. Mettez le tout dans l'appareil et mélangez jusqu'à l'obtention d'une purée. La lécithine provient du soja non modifié génétiquement et se présente sous forme de granules. Elle est riche en phosphatidylcholine qui joue un rôle important dans le développement du cerveau et aide l'organisme à absorber les graisses efficacement.

Soupe thaïe au potiron

Il vaut la peine d'aller chercher des herbes et des épices fraîches chez un épicier asiatique ou dans un supermarché qui vend ce genre de denrées. Vous pouvez en acheter plus que nécessaire et congeler le reste jusqu'à la prochaine recette. Si vous ne pouvez vous en procurer, les versions en poudre sont acceptables, ou encore de la pâte de cari thaï du marché.

15 min • Mélangeur • 2 portions

Ingrédients

1 potiron moyen
120 g (1½ tasse) de chair de noix de coco fraîche
2 branches de céleri
1 cm (½ po) de racine de gingembre
1 gousse d'ail
½ oignon
1 piment fort

2 dattes
1 bâton de citronnelle
2 cm (1 po) de galanga
15 ml (1 c. à soupe) de vinaigre de riz
15 ml (1 c. à soupe) de tamari
30 ml (2 c. à soupe) d'huile de sésame

Enlevez la chair du potiron à l'aide d'une cuiller. Il n'existe pas de méthode facile, mais si vous mettez la main sur un couteau-racleur pour potiron, le travail sera plus facile. Mettez la chair dans le mélangeur. Préparez tous les autres ingrédients pour le mélangeur puis déposez-les dans l'appareil. Mélangez pendant quelques minutes pour obtenir une soupe lisse et crémeuse. C'est la meilleure recette pour la chair de potiron qu'on jette en préparant les lanternes d'Halloween.

Les salades

Les gens supposaient que les adeptes du régime crudiste vivaient de laitue et de bananes. C'est ce qui m'a motivée à écrire *Certains l'aiment cru*. « Qu'est-ce que vous mangez ? » C'est la question qu'on me posait le plus souvent. Les gens n'arrivaient pas à le croire quand je parlais de nourriture thaïe, de burgers, de nouilles et de roulés. Voici donc quelques super recettes de salade, presque sans feuille de laitue à l'horizon. Je mangeais cru depuis déjà 10 ans pendant que je recueillais les recettes de ce livre, et je me sentais poussée à trouver des façons encore plus inventives et créatives de préparer des soupers originaux et intéressants. J'ai exploré de nouveaux ingrédients et j'ai trouvé des moyens simples et délicieux de les combiner. Avec deux enfants et un autre à naître, je voulais préparer des repas nourrissants et complets pour ma famille, mais je n'avais ni le temps ni l'énergie nécessaires pour passer de longues heures dans la cuisine et m'épuiser avec un déshydrateur ! La plupart des recettes peuvent être servies individuellement comme repas. Ou encore, si vous voulez égayer vos repas, vous pouvez servir deux portions plus petites de recettes complémentaires de salade ou les combiner à certaines des recettes du chapitre des bonnes-bouches. Jetez un coup d'œil à la section des exemples de menu (p. 45) si vous voulez trouver d'autres idées.

Macédoine de chou

C'est une salade très consistante et elle se suffit en elle-même comme repas. Si vous voulez y ajouter autre chose, quelques craquelins au chou-fleur (p. 176) l'agrémenteraient bien. Le chou rouge contient plus de nutriments que le chou blanc, par exemple : au moins six fois la quantité de vitamine C.

10 min • Robot culinaire, mélangeur • 2 portions

Ingrédients

Pesto à l'avocat (voir p. 90)
    ou sauce de Nikki de *Certains l'aiment cru*
250 g (1½ tasse) de choucroute
400 g (4 tasses) de chou rouge
400 g (5 tasses) de chou vert
60 g (⅓ tasse) d'olives
60 g (½ tasse) de germes de haricot mélangés

Préparez le pesto à l'avocat. Tranchez le chou rouge et le chou vert à l'aide du disque éminceur fin de votre robot culinaire. Transvidez le chou dans un bol à mélanger. Ajoutez la choucroute en séparant les brins à l'aide d'une fourchette. Ajoutez les olives et les germes de haricot. À l'aide d'une fourchette ou d'un ensemble de fourchette et de cuiller à salade, mélangez la salade dans le pesto en vous assurant que tous les ingrédients sont distribués uniformément. Cette salade est excellente avec le riz au panais (p. 140).

Roquette et hijiki

Comme cette recette se compose surtout de feuilles vertes, il vaut la peine de choisir des légumes du jardin. Les salades vendues emballées dans les supermarchés ont probablement été lavées dans le chlore et arrosées de produits chimiques pour les préserver, même si elles sont certifiées biologiques (voir le brillant livre *Not on the Label* de Felicity Lawrence). Si vous avez le temps et les dispositions pour le faire, la roquette est facile à cultiver.

10 min/1 h de trempage • Robot culinaire • 4 portions

Ingrédients

30 g (1 oz) de hijiki, trempé 1 h
200 g (6¼ tasses) de roquette
60 g (⅓ tasse) de tomates séchées (p. 186)
300 g (3 tasses) de morceaux de chou-fleur
120 g (¾ tasse) de petits oignons blancs
30 ml (2 c. à soupe) d'huile d'olive
15 ml (1 c. à soupe) de vinaigre balsamique
5 ml (1 c. à thé) de tamari
5 ml (1 c. à thé) de sirop d'agave

Lavez la roquette et avec des ciseaux, coupez les feuilles en bouchées et mettez-les dans le bol à salade. Ajoutez vos tomates séchées. Si vous utilisez des tomates du marché plutôt que des tomates maison, trempez-les d'abord dans l'eau de 20 à 60 minutes. Transformez le chou-fleur dans le robot culinaire jusqu'à l'obtention de petits granules blancs, ce que j'appelle de la neige de chou-fleur et que je mets dans la salade des enfants à leur insu. Mettez cette neige dans le bol à salade avec les oignons (tout oignon mariné convient, mais les oignons Biona sont particulièrement bons), le hijiki égoutté et les ingrédients de la sauce. Mélangez et servez immédiatement, avant que la roquette commence à faner. Suggestion pour le service : servez avec un ketchup au piment rouge et des crudités, comme le brocoli et le concombre. Vous aurez un repas gourmet consistant en moins d'une demi-heure.

Gombo au cari

Le gombo est l'un de ces aliments que les gens aiment beaucoup ou détestent. J'appartiens définitivement au premier camp. Lorsque vous le coupez, que vous le cuisez ou que vous le mélangez, il dégage une substance collante et glutineuse qui épaissit le mets dont il fait partie.

5 min • Mélangeur • 2 portions

Ingrédients

6 tomates
22 g (2 c. à soupe) de tomates séchées (p. 186)
30 ml (2 c. à soupe) d'huile d'olive
10 ml (2 c. à thé) de poudre de cari
250 g (2⅓ tasses) de gombo

Mélangez tous les ingrédients, sauf le gombo. Hachez le gombo très fin et ajoutez-le au mélange. Si vous avez un Vitamix, mélangez au réglage 3. Le gombo et les tomates s'amalgameront pour produire un authentique plat indien. Le gombo est également connu sous le nom de ketmie comestible. Il est utilisé dans la cuisine indienne et il est également populaire en Afrique et au Moyen-Orient.

Dahl

Une soupe indienne de lentilles rouges cuites (dahl), traditionnellement faite de lentilles fendues. Celles-ci ne germent pas, donc nous utilisons des lentilles brunes, vertes ou du Puy. Elles sont toutes faciles à faire germer, et mélangées, elles donnent un très bel effet.

30 min/germination/4 à 8 h de trempage • Mélangeur, robot culinaire • 4 portions

Ingrédients

500 g (2½ tasses) de mélange de germes de lentilles
60 ml (¼ tasse) d'huile d'olive
15 ml (1 c. à soupe) de tamari
5 ml (1 c. à thé) de cumin
2 gousses d'ail
90 g (½ tasse) de graines de sésame, trempées de 4 à 8 h
Jus de 2 citrons
1 petit bouquet de coriandre
500 ml (2 tasses) d'eau
1 poivron rouge
2 carottes
150 g (1½ tasse) de chou-fleur
1 petite tête de brocoli

Dans le mélangeur, mettez les germes de lentilles, l'huile d'olive, le tamari, le cumin, l'ail, les graines de sésame, le jus de citron, la coriandre et l'eau. Mélangez jusqu'à l'obtention d'une crème épaisse. C'est votre dahl. Si vous ajoutez moins d'eau, vous obtiendrez une sorte de hoummos de lentilles que vous pouvez manger en trempette. Ensuite, assemblez les légumes et hachez-les grossièrement en petits morceaux, environ de la taille d'une noix de cajou. Vous pouvez le faire à la main, en utilisant la lame S d'un robot culinaire ou avec votre Vitamix à réglage lent. Transvidez le dahl et les légumes dans un grand bol et mélangez le tout à l'aide d'une cuiller, de façon à ce que les légumes soient répartis uniformément. Divisez en quatre bols et servez immédiatement. Les lentilles germées sont une excellente source de protéines brutes. Ce plat convient donc particulièrement aux athlètes, aux enfants et aux mères qui allaitent.

Bolets et pesto

Les bolets séchés ont une riche saveur du terroir. Ajoutés à une salade, ils transforment un humble dîner en un repas royal.

5 min/70 min de trempage • Aucun appareil nécessaire • 2 portions

Ingrédients

Pesto (voir p. 90)
45 g (½ tasse) de bolets séchés
5 ml (1 c. à thé) d'huile d'olive
5 ml (1 c. à thé) de tamari
5 ml (1 c. à thé) de flocons de levure nutritionnelle

5 g (2 c. à soupe) de hijiki
4 feuilles de laitue
90 g (3 tasses) de mâche commune (doucette)
12 olives

Trempez les bolets dans l'eau filtrée pendant 10 minutes. Égouttez et marinez dans l'huile d'olive, le tamari et les flocons de levure pendant une heure. Trempez le hijiki dans l'eau filtrée pendant 30 minutes. S'il n'est pas déjà prêt, c'est le moment de préparer le pesto (p. 90). Vous pouvez également tricher et utiliser le pesto du marché. Celui de Carley's est une excellente variété biologique et végétalienne. Une fois le pesto prêt, de même que tout ce qui doit être trempé, déchiquetez la laitue en fines lanières et mettez-la dans un bol de service avec la mâche et les olives. Ajoutez le hijiki égoutté et les bolets qui auront absorbé la marinade. À l'aide d'une cuiller, ajoutez le pesto et mélangez bien avec la fourchette et la cuiller à salade et servez immédiatement. Les bolets comptent parmi les champignons les plus recherchés pour leur saveur gastronomique. Ils poussent surtout en Europe et se vendent séchés en général.

Simple salade

Une recette familiale favorite pendant des années; simple, mais irrésistible. Servez-la avec une tranche de pain essène et du beurre de sésame pour un souper rapide, mais parfait.

5 min • Aucun appareil nécessaire • Une portion

Ingrédients

3 feuilles de laitue romaine
60 g (2 tasses) de mâche commune
20 g (2 c. à soupe) de choucroute
30 g (1 tasse) de germes de luzerne
22 g (1 c. à soupe) d'olives
20 g (1 c. à soupe) de graines ou de noix (selon votre préférence)

15 ml (1 c. à soupe) d'huile de lin
15 ml (1 c. à soupe) de vinaigre de cidre de pomme
5 g (2 c. à soupe) de salade de légumes de mer de l'Atlantique
2 g (1 c. à soupe) de flocons de levure nutritionnelle
5 ml (1 c. à thé) de poudre de varech
5 ml (1 c. à thé) de granules de lécithine

Lavez les laitues (dans une essoreuse à salade), déchiquetez-les en lanières très fines et mettez-les avec le reste des ingrédients dans un saladier. Mélangez bien pour que la salade de légumes de mer enduise uniformément les laitues. Servez immédiatement. La mâche commune est la salade verte préférée de ma famille. Elle porte de nombreux noms : salade de maïs, feuilles de mâche ou mâche quelque chose. Elle est sucrée, tendre et très facile à manger en quantités énormes.

Chou rouge et pommes

Cette recette est basée sur un plat allemand qui consiste à braiser le chou rouge et les pommes et qui est populaire à Noël. Mais, comme vous l'avez sûrement constaté maintenant, toute recette vaut son pesant d'or autant crue que chauffée.

10 min • Robot culinaire, mélangeur • 2 portions

Ingrédients

250 g (3⅓ tasses) de chou rouge
2 pommes
15 ml (1 c. à soupe) de vinaigre
15 ml (1 c. à soupe) d'huile d'olive
10 g (1 c. à soupe) de raisins

Déchiquetez le chou et mettez-le dans un bol à mélanger. Transformez les pommes, le vinaigre et l'huile d'olive en purée. Ajoutez au chou en mélangeant avec les raisins. Cette salade peut reposer quelques heures, jusqu'à une journée, et le chou s'attendrira légèrement dans les pommes. C'est un mélange inhabituel de saveurs — chou amer, pommes sucrées et vinaigre acide — qui s'allie pour produire un excellent effet. Si vous aimez les baies du lyciet, vous pouvez les utiliser au lieu du raisin.

Salade de « poulet »

Essayez de manger un pleurote en entier. Son goût riche du terroir et sa texture spongieuse vous donneront probablement un peu la nausée. Coupez-le en tranches minces et miraculeusement, vous avez une viande blanche et tendre, semblable au poulet, succulente et pas du tout bourrative.

10 min • Robot culinaire • 2 portions

Ingrédients

15 g (3 c. à soupe) d'aramé, trempé pendant 10 min
60 g (⅓ tasse) de tomates séchées (p. 186)
2 bouquets de cresson
6 feuilles de laitue
200 g (2 tasses) de pleurotes
60 g (½ tasse) de germes de haricots mélangés
60 g (⅓ tasse) de petits oignons blancs
2 gousses d'ail, écrasées
15 ml (1 c. à soupe) de beurre de sésame
15 ml (1 c. à soupe) d'huile de lin
15 ml (1 c. à soupe) de vinaigre de cidre de pomme
5 ml (1 c. à thé) de miso blanc
15 ml (1 c. à soupe) de Seagreens (p. 54)
15 ml (1 c. à soupe) d'eau

Trempez l'aramé. Si vous utilisez des tomates séchées du marché, vous pouvez réduire la quantité de moitié et tremper les tomates dans la même eau. Avec des ciseaux, découpez le cresson en bouchées directement dans le saladier. Déchiquetez les feuilles de laitue et mettez-les dans le saladier. Coupez les pleurotes en tranches fines dans un robot culinaire ou avec un couteau à salade et ajoutez-les au mélange, avec les germes des haricots et les oignons. Dans un petit bol, fouettez le reste des ingrédients pour faire une sauce. À cette étape, l'aramé devrait être prêt. Égouttez-le et ajoutez-le au saladier. Versez la sauce sur la salade, mélangez et servez immédiatement. Le cresson se fane rapidement.

Salade de chou de Noël

Les choux de Bruxelles ne sont pas très bons crus. Ils sont un peu trop croustillants et difficiles à mastiquer. Toutefois, râpés dans cette salade pour remplacer le chou, ils produisent une salade originale, fraîche et fantastique.

10 min/8 h de trempage • Robot culinaire, mélangeur • 4 portions

Ingrédients

30 g (⅓ tasse) d'aramé, trempé 10 min
2 carottes
1 pomme
½ oignon
200 g (2½ tasses) de choux de Bruxelles
60 g (⅓ tasse) de marrons
 (précuits dans un pot ou une boîte de conserve)

60 g (¼ tasse) de pois
120 g (¾ tasse) de noix de cajou, trempées de 8 à 12 h
Jus d'un citron
5 ml (1 c. à thé) de miso blanc
Eau

Trempez l'aramé. Enlevez les parties inférieure et supérieure des carottes. Coupez la pomme en quartiers et enlevez le cœur. Râpez finement les carottes, la pomme, l'oignon et les choux de Bruxelles et mettez-les dans un bol à mélanger avec quelques marrons de bonne qualité, les pois et l'aramé. Pour faire la mayonnaise, mélanger les noix de cajou, le jus de citron, le miso et l'eau. Mélangez les légumes dans la mayonnaise. Cette salade se conserve un jour ou deux. Les légumes ramolliront et les saveurs seront meilleures.

Salade méditerranéenne

C'est une salade très simple à préparer, mais si vous avez des ingrédients frais, en saison, votre repas sera un réel succès ! Si vous n'êtes pas strictement crudiste, les pommes de terre nouvelles sont une merveilleuse gâterie si vous achetez les premières de la saison anglaise en juin. Les pois ne sont pas crus non plus. À moins que vous ne les achetiez dans leur cosse et que vous les écossiez vous-même, ils sont certainement blanchis. J'utilise des pots de pois biologiques.

15 min • Robot culinaire (facultatif) • 4 portions

Ingrédients

500 g (2 tasses) de pommes de terre nouvelles (facultatives)
500 g (3 tasses) de tomates cerises
1 concombre
2 poivrons jaunes
12 feuilles de laitue romaine
200 g (1⅓ tasse) d'olives

200 g (1⅓ tasse) de pois verts
60 ml (¼ tasse) d'huile d'olive
30 ml (2 c. à soupe) de vinaigre balsamique
2 g (1 c. à soupe) de flocons de nori
Une pincée de sel de mer
Une pincée de poivre noir

Si vous utilisez des pommes de terre, vous devez les nettoyer, les mettre dans une casserole et les recouvrir d'eau. Amenez l'eau à ébullition et laissez mijoter de 10 à 15 minutes. Entre-temps, coupez les tomates en deux et mettez-les dans un grand saladier. Coupez le concombre en petits dés et ajoutez-le au saladier. Coupez les poivrons en tranches fines et la laitue dans un robot culinaire si vous en avez un puis ajoutez-les au saladier avec le reste des ingrédients, y compris les pommes de terre. Mélangez bien le tout de façon à ce que les légumes soient bien couverts d'huile et de vinaigre. Servez immédiatement. Le vinaigre balsamique n'est pas cru, mais sa saveur est si délicieuse qu'il est bon d'en avoir à portée de la main pour rendre une assiette de légumes plus intéressante.

Cari de panais

Le panais a un goût sucré naturel qui peut surprendre dans une salade. Quand on le mange tel quel, il a un côté légèrement amer et s'apprête difficilement. Par contre, il s'avère excellent dans une marinade comme celle qui suit. Cette recette gagnera tous les amateurs d'aliments crus.

10 min/8 à 12 h de marinage • Robot culinaire, mélangeur • 4 portions

Ingrédients

4 panais
1 avocat
Jus d'un citron
5 ml (1 c. à thé) de poudre de cumin
2 g (1 c. à soupe) de garam massala
½ piment fort, graines enlevées

Enlevez les parties inférieure et supérieure des panais et râpez-les finement. Retirez la chair de l'avocat à l'aide d'une cuiller. Mettez dans le mélangeur avec le reste des ingrédients et transformez en purée, en ajoutant un peu d'eau au besoin. Mettez les panais et la sauce dans un bol de service et mélangez. Vous pouvez servir cette salade tout de suite si vous le désirez, mais si vous avez le temps, mettez-la au réfrigérateur pendant au moins quelques heures, de préférence une journée, pour attendrir les panais. Le panais râpé est également délicieux mariné dans le pesto à l'avocat (p. 90).

Salade du samedi

C'était une tradition du samedi de se mettre à table en famille et de partager un gros repas. Nous l'appelions le « dîner du samedi ». Le plus souvent, nous mangions cette salade avec quelques craquants et trempettes. Quelques heures plus tard, nous prenions un souper léger, habituellement seulement un pouding ou du gâteau. J'aime beaucoup cette salade, car nous pouvons en manger tant que nous en voulons, jusqu'à satiété, et nous sentir quand même merveilleusement légers et vertueux par la suite.

15 min/1 h de trempage • Aucun appareil nécessaire • 2 portions

Ingrédients

1 laitue feuille de chêne
1 avocat
1 petite tête de brocoli
4 cornichons
30 g (1 oz) de hijiki, trempé 1 h
5 g (2 c. à soupe) de cari croustillant
30 g (1 tasse) de germes de luzerne
30 ml (2 c. à soupe) d'huile de lin
15 ml (1 c. à soupe) de vinaigre balsamique
15 ml (1 c. à soupe) de Seagreens (p. 54)
2 g (1 c. à soupe) de granules de lécithine
5 g (2 c. à soupe) de flocons de levure nutritionnelle

Rincez et déchiquetez la laitue et mettez-la dans un bol à salade. J'utilise une essoreuse à salade pour que la laitue soit fraîche et sèche. Coupez l'avocat en deux. Retirez le noyau. Coupez la chair en dés et mettez-les dans le bol. Hachez le brocoli en petits bouquets et mettez-le dans le bol. Tranchez les cornichons en tranches minces et ajoutez dans le bol avec le hijiki, le cari croustillant et les germes de luzerne. Mélangez bien et ajoutez le reste des ingrédients. Servez immédiatement.

Salade épicée de chanvre et de betteraves

Dans ce pays, on mange la betterave cuite en général, mais crue, elle est tout aussi fantastique. La pomme agrémente son délicieux goût sucré dans cette salade.

10 min • Robot culinaire • 4 portions

Ingrédients
500 g (3½ tasses) de betteraves
2 pommes
20 g (2 c. à soupe) de graines de chanvre

30 ml (2 c. à soupe) d'huile de chanvre
5 ml (1 c. à thé) de sauce chili

Enlevez les parties inférieure et supérieure des betteraves et pelez-les. Coupez la pomme en quartiers et enlevez le cœur. À l'aide d'une râpe grossière, râpez les betteraves et mettez-les dans un bol à mélanger avec le reste des ingrédients. Mélangez le tout. Les enfants aiment le goût sucré naturel de cette salade. En outre, la betterave est une excellente source de fer, et le chanvre procure une bonne quantité d'acides gras essentiels. Omettez la sauce chili et ajoutez un trait de nectar d'agave ou de miel brut.

Délice au brocoli

Cette recette comprend tous mes ingrédients préférés.

10 min • Robot culinaire • 4 portions

Ingrédients
60 g (⅔ tasse) de morceaux de brocoli
4 petites ou 2 grosses têtes de brocoli
300 g (2⅓ tasse) de chou-fleur
30 g (½ tasse) de salade de mer de l'Atlantique
5 g (2 c. à soupe) de flocons de levure nutritionnelle

15 ml (1 c. à soupe) de Seagreens (p. 54)
30 ml (2 c. à soupe) de beurre de sésame
30 ml (2 c. à soupe) d'huile de lin
Jus d'un citron
15 ml (1 c. à soupe) de vinaigre de cidre de pomme

Préparez le brocoli et le chou-fleur en les hachant grossièrement, à peu près de la taille de grains de riz puis mettez-les dans un bol de service. Ajoutez la salade de mer, les flocons de levure et le Seagreens. Dans un petit bol, fouettez le beurre de sésame, l'huile de lin, le jus de citron et le vinaigre de cidre de pomme et mélangez bien. Servez dans deux heures au plus.

Le brocoli est une denrée courante chez nous. Nous le prenons en collation avec des trempettes, dans nos salades, nous en faisons des pâtés, nous le mélangeons à nos soupes, nous le consommons en jus et nous le mangeons même enduit de chocolat brut — chocoli !

Manger plus de légumes

Cette recette est l'une de mes préférées de *Certains l'aiment cru*. Voici une variante surprenante qui agrémente un mets apprécié de tous, comme on pourrait dire.

10 min/10 min de trempage • Robot culinaire • 2 portions

Ingrédients

500 g (6 tasses) de légumes, p. ex. chou vert frisé, chou italien cavalo nero, feuilles de navet, pousses de brocoli
15 g (½ oz) de wakamé, trempé 10 min
250 g (1½ tasse) de choucroute
1 gros ou 2 petits avocats
15 ml (1 c. à soupe) de Seagreens (p. 54)
5 g (2 c. à soupe) de flocons de levure nutritionnelle

Coupez les légumes en bouchées et mettez-les dans le robot culinaire et hachez-les aussi petits que possible. Ajoutez le wakamé égoutté et la choucroute et transformez de nouveau, brièvement, de façon à ce qu'ils soient bien mélangés. Enlevez la chair de l'avocat à l'aide d'une cuiller et ajoutez-la au mélange avec le Seagreens et les flocons de levure. Transformez quelques minutes, jusqu'à ce que l'avocat soit entièrement désintégré. Servez immédiatement.

Mes préférés

5 min • Aucun appareil • Une portion

Ingrédients

30 g (1 oz) de dulse
30 g (1 tasse) de luzerne
10 olives dénoyautées
60 g (2⅓ tasse) de roquette

15 ml (1 c. à soupe) d'huile de chanvre
5 ml (1 c. à thé) d'assaisonnement liquide (Liquid Aminos)
5 ml (1 c. à thé) d'agave
5 ml (1 c. à thé) de jus de citron

Rincez la dulse. Mélangez tous les ingrédients dans un bol. Un délice servi avec du pain de seigle (p. 175) tartiné de beurre de graines de potiron. La luzerne, lorsqu'elle est mûre, est semblable au blé. C'est la troisième culture d'importance aux États-Unis et elle sert principalement à nourrir les animaux, comme les bovins, les moutons et les chevaux.

Cari rouge thaï

Grâce à la noix de coco fraîche, ce cari est un mets riche et crémeux. Si vous ne pouvez vous procurer de la noix de coco fraîche, vous pouvez utiliser de la noix de coco en crème ou du lait de coco, mais ce ne sont pas des aliments crus.

20 min • Mélangeur, robot culinaire • 2 portions

Ingrédients

30 ml (2 c. à soupe) d'aramé
4 poivrons rouges
2 tomates
1 branche de céleri
1 branche de citronnelle
1 petit bouquet de coriandre
1 lime

120 g (1½ tasse) de morceaux de noix de coco fraîche
4 dattes fraîches, dénoyautées
2 gousses d'ail
2 cm (1 po) de galanga
590 g (8 tasses) de champignons
8 maïs miniatures
45 g (⅓ tasse) de haricots mungo ou germes de lentille

Préparez l'aramé en le trempant pendant 10 à 15 minutes. Enlevez les tiges et les graines des poivrons rouges et coupez-les en huit morceaux. Coupez les tomates en quartiers. Hachez le céleri en morceaux. Hachez la citronnelle et la coriandre. Pressez le jus de la lime. Mettez les poivrons, les tomates, le céleri, la citronnelle, la coriandre, le jus de lime, la noix de coco, les dattes, l'ail et le galanga dans le mélangeur. Le liquide des légumes doit être suffisant pour faire une sauce riche. Tranchez finement les champignons et les maïs miniatures et mettez-les dans un bol de service avec les germes et l'aramé égoutté. Versez la sauce rouge et mélangez bien, de façon à obtenir un mélange uniforme. Servez le cari garni d'un brin de coriandre fraîche pour un repas digne du roi de Thaïlande.

Salade de chou-rave

15 min • Robot culinaire • 4 portions

Ingrédients

60 g (2 oz) de spaghetti de mer
2 choux-raves râpés
2 grosses carottes
1 oignon
1 petit chou-fleur

1 avocat
15 ml (1 c. à soupe) de Seagreens (p. 54)
5 g (2 c. à soupe) de flocons de levure nutritionnelle
15 ml (1 c. à soupe) de vinaigre de cidre de pomme
30 ml (2 c. à soupe) d'huile de chanvre

Rincez le spaghetti de mer et trempez-le dans l'eau pendant quelques minutes pour enlever tout excès de sel. Enlevez les parties inférieure et supérieure du chou-rave et des carottes. Pelez l'oignon et coupez-le en quartiers. Râpez le chou-rave, les carottes, l'oignon et mettez-les dans un bol à mélanger. Pour préparer le chou-fleur, enlevez les têtes et transformez-les dans un robot culinaire avec la lame S, jusqu'à ce qu'elles soient moulues en morceaux minuscules, comme des flocons de neige (je l'appelle neige de chou-fleur). C'est un excellent ajout à toute salade et une bonne façon d'inclure le chou-fleur dans vos aliments si vous n'aimez pas les gros morceaux. Mettez le chou-fleur dans le bol de service. Coupez la chair de l'avocat en dés et mettez-la dans le bol. Ajoutez le Seagreens, les flocons de levure, le vinaigre, l'huile de chanvre et mélangez bien le tout. La salade peut être mangée tout de suite ou être marinée quelques heures.

Mayonnaise aux œufs

Vous pouvez l'étendre sur du pain essène ou des craquelins, mais elle est également bonne telle quelle.

10 min • Mélangeur • 2 portions

Ingrédients

300 g (2⅓ tasses) de chou-fleur (environ la moitié d'un chou-fleur)
1 gros avocat
15 ml (1 c. à soupe) d'huile d'olive
1 gousse d'ail
30 ml (2 c. à soupe) de miso blanc
Jus d'un citron

Les morceaux de chou-fleur doivent avoir la taille de grains de riz; vous pouvez les transformer au robot culinaire, avec le Vitamix ou à la main. Mettez le chou-fleur dans un bol à mélanger. Enlevez la chair de l'avocat et ajoutez-la avec le reste des ingrédients au mélangeur. Mélangez jusqu'à l'obtention d'une crème. Assurez-vous qu'il n'y a pas de grumeaux d'ail dans le mélange. Ajoutez de l'eau au besoin. Mettez le mélange dans le bol avec le chou-fleur et mélangez bien le tout. Servez le même jour.

Variante
Vous pouvez remplacer tout le chou-fleur ou une partie par du brocoli.

Nouilles

Elles sont étonnamment authentiques, comme le chow mein. Elles sont également très substantielles, donc vous n'avez pas besoin d'en manger une trop grande quantité. Comment se fait-il que tout le monde sait qu'on peut manger des carottes crues, mais que personne ne pense à manger d'autres légumes-racines crus ? La courge est un bon légume britannique à ajouter à votre répertoire de légumes crus.

20 min • Trancheur en spirale • 4 portions

Ingrédients

10 g (2 c. à soupe) d'aramé
1 courge musquée moyenne
20 g (2 c. à soupe) de graines de sésame
20 g (2 c. à soupe) de graines de pavot
60 ml (¼ tasse) d'huile d'olive
15 ml (1 c. à soupe) de tamari
120 g (¾ tasse) de grains de maïs sucré
16 tomates cerises

Trempez l'aramé dans l'eau filtrée pendant 10 à 15 minutes, pendant que vous préparez la courge. Enlevez ses parties inférieure et supérieure et tranchez-la en deux, la partie ronde bulbeuse et le cou plus étroit. Tranchez le cou sur la longueur, en quartiers. Tranchez la partie ronde en deux et à l'aide d'une cuiller, enlevez les graines et tranchez-la de nouveau en deux. Vous devriez maintenant avoir huit morceaux de courge. À l'aide d'un trancheur en spirale, transformez chaque morceau et mettez-le dans un bol à mélanger. En raison de la forme inhabituelle du légume, vous aurez probablement des restes. Conservez-les pour une autre utilisation: soupe ou biscuits. Si vous n'avez pas de trancheur en spirale (ou si vous êtes pressée), râpez simplement la courge. Ajoutez le reste des ingrédients dans le bol à mélanger avec l'aramé égoutté, et mélangez. Vous pouvez servir les nouilles telles quelles ou avec de la sauce pour pâtes (p. 162). La courge appartient à la famille des cucurbitacées qui comprend le concombre, la courge à moelle, le melon, le potiron, le cornichon et le louffa.

Fattoush

C'est ma version de la salade classique libanaise. J'aime beaucoup le zaatar. Il vaut la peine de se le procurer dans une épicerie spécialisée si vous le pouvez. C'est un mélange aromatique de thym, de sumac et de graines de sésame qui, selon les Libanais, donne de la force et calme l'esprit.

10 min • Mélangeur • 2 portions

Ingrédients

1 petit bouquet de menthe
1 petit bouquet de persil
Jus de 2 citrons
60 ml (¼ tasse) d'huile d'olive
15 ml (1 c. à soupe) d'assaisonnement liquide (Liquid Aminos)
2 bottes de cresson
4 tomates
½ concombre
5 g (1 c. à soupe) de zaatar

Préparez un pesto (p. 90) avec la menthe, le persil, le jus de citron, l'huile d'olive et l'assaisonnement liquide. Coupez les tomates en quartiers et le concombre en dés. Hachez le cresson et mélangez le tout avec le zaatar.

La plus grande partie du cresson au Royaume-Uni est cultivé dans le Hampshire et le Dorset, dans des lits de gravier peu profonds. Il a besoin d'un approvisionnement constant en eau de source fraîche. Un lit mûr peut consommer jusqu'à 20 000 litres d'eau par heure ! La croissance demande d'un à trois mois, selon le moment de l'année.

Cari de Jane

Cette recette m'a été envoyée par une amie. Elle est savoureuse et très facile à préparer.

15 min • Robot culinaire, mélangeur • 2 portions

Ingrédients

2 avocats
Jus de 2 citrons
30 ml (2 c. à soupe) d'huile de sésame
5 g (1 c. à soupe) de poudre de cari
4 carottes
1 pomme
90 g (½ tasse) de haricots verts fins
1 oignon rouge
2 branches de céleri
1 poivron rouge
60 g (⅓ tasse) de pignons
30 g (¼ tasse) de raisins

Commencez en préparant la sauce au cari. Retirez la chair des avocats et mettez-la dans le mélangeur. Ajoutez le jus de citron, l'huile de sésame et la poudre de cari. Mélangez jusqu'à l'obtention d'une crème. Si elle ne se verse pas, ajoutez un peu d'eau pour lui donner une consistance crémeuse. Ensuite, préparez vos légumes. Râpez les carottes et la pomme et mettez-les dans un bol à mélanger. Tranchez finement les haricots verts, l'oignon, le céleri et le poivron rouge et mettez-les dans le bol. Ajoutez les pignons, les raisins et le mélange d'avocats et mélangez bien. Servez immédiatement.

La médecine ayurvédique recommande de vous rincer la bouche avec une cuiller à soupe d'huile de sésame crue tous les jours pour nettoyer tout votre organisme et expulser les toxines et les agents pathogènes. Selon cette médecine, elle aide à protéger l'organisme contre les rhumes et les grippes.

Salade de fenouil et de poireau

Les poireaux sont une merveilleuse addition à un plat cru. Ils sont étonnamment doux et plaisants. J'aime la façon dont les tiges se séparent en anneaux. Les plus petits sont les meilleurs, car ils sont plus sucrés et plus délicats. Vous pouvez utiliser à peu près n'importe quelle sauce sur cette simple salade; un choix crémeux, tout comme le pesto à l'avocat (p. 90) convient bien. Si vous êtes pressée, ajoutez quelques gouttes d'huile et saupoudrez un peu de sel de mer et de poivre moulu.

15 min/10 min de prétrempage • Robot culinaire • 2 portions

Ingrédients

15 g (3 c. à soupe) de wakamé, prétrempé pendant 10 min
1 bulbe de fenouil
1 poireau
½ concombre
30 g (3 c. à soupe) de germes de haricot
N'importe quelle sauce

Trempez le wakamé à l'avance. À l'aide de la lame à trancher de votre robot culinaire, tranchez le fenouil, le poireau et le concombre. Transférez dans un bol à mélanger. Ajoutez les germes de haricot et le wakamé égoutté. Mélangez uniformément. Versez votre sauce et mélangez. Servez immédiatement.

Les légumes de mer les meilleurs et les plus populaires sont ceux de Clearspring. J'utilise le plus souvent leur wakamé. Vous pouvez vous procurer du wakamé moins cher dans une épicerie asiatique, mais sa qualité est loin d'être la même.

Salade chérie

Le bonheur en salade! Les couleurs vives et les saveurs sucrées de ce mets raviront votre estomac, surtout l'automne, lorsque les nuits commencent à s'allonger et que l'alimentation crue semble un peu plus difficile.

10 min • Robot culinaire • 4 portions

Ingrédients

1 pomme
1 betterave
4 carottes
½ patate douce
20 g (2 c. à soupe) de noix de macadamia
120 g (¾ tasse) de grains de maïs sucré
60 ml (4 c. à soupe) de mirin
30 ml (2 c. à soupe) d'huile de sésame
5 g (1 c. à soupe) de cinq épices chinoises

Préparez vos légumes : retirez le cœur de la pomme, pelez la betterave et enlevez les parties inférieure et supérieure des carottes. Coupez la patate douce en morceaux prêts à utiliser et hachez de la taille de grains de riz. Vous pouvez utiliser un robot culinaire avec la lame S, un Vitamix ou le faire à la main. Ajoutez le reste des ingrédients en remuant. Mangez tout de suite ou marinez pendant quelques heures au préalable.

Les noix de macadamia proviennent d'Australie. Elles sont dispendieuses, mais elles comptent parmi les plus savoureuses, les plus crémeuses des noix. Leur saveur est inhabituelle et elles procurent un croquant satisfaisant.

Salade de chou orientale

Tout comme un sauté cru! Un bon conseil si vous avez une forte envie d'aliments chauds; créez un sauté semi-cru en cuisant quelques légumes robustes, comme les oignons et le chou et ajoutez-y quelques légumes crus, comme des carottes et du brocoli.

10 min
Robot culinaire
4 portions

Ingrédients

10 g (2 c. à soupe) d'aramé
3 carottes
3 topinambours
1 petit oignon
120 g (¾ tasse) de germes de pois chiche
1 cm (½ po) de gingembre, émincé

1 gousse d'ail, hachée finement
30 ml (2 c. à soupe) d'huile de sésame
15 ml (1 c. à soupe) de sirop de datte
15 ml (1 c. à soupe) de tamari
15 ml (1 c. à soupe) de vinaigre de riz

Trempez l'aramé dans l'eau filtrée pendant 10 minutes pendant que vous préparez les légumes. Enlevez les parties inférieure et supérieure des carottes et des topinambours. Enlevez les parties inférieure et supérieure de l'oignon et pelez-le. Passez les légumes à la râpe grossière. Transvidez dans un bol à mélanger et ajoutez le reste des ingrédients à l'aide d'une cuiller. Égouttez l'aramé et mettez-le dans le bol. Mélangez bien et servez dans les heures qui suivent.

J'aime beaucoup les topinambours, mais on les oublie souvent. Ils ressemblent à des radis à saveur de pomme. Ils sont croustillants, croquants, nettoyants et rafraîchissants. C'est une substitution agréable aux carottes ou au chou dans n'importe quelle recette de salade de chou.

Purée de panais

C'est ma façon préférée de manger les panais, sous forme crémeuse et réconfortante et qui réchauffe tellement. Vous oublierez qu'ils ne sont pas cuits ! Vous pouvez déshydrater les restes et faire des craquants au panais.

5 min
Mélangeur
2 portions

Ingrédients
500 g (3½ tasses) de panais
60 ml (¼ tasse) d'huile d'olive
125 ml (½ tasse) d'eau
Une pincée de sel de mer

Hachez les panais finement. Mettez le tout dans le mélangeur et transformez en purée jusqu'à l'obtention d'une crème. Cette recette fonctionne le mieux avec un mélangeur à haute vitesse ou avec un mélangeur à main. Servez immédiatement. Vous pouvez utiliser du céleri-rave au lieu du panais ou essayer la moitié d'une carotte et la moitié d'un panais.

Concombre crémeux et pomme

La fraîcheur du concombre et de la menthe dans cette salade offrent un contraste exotique avec la sauce crémeuse et douce à l'avocat.

10 min
Robot culinaire, mélangeur
4 portions

Ingrédients
1 concombre
1 pomme
120 g (¾ tasse) de grains de maïs sucré
1 bouquet de menthe
1 avocat
4 dattes fraîches, dénoyautées
Jus d'un citron
10 ml (2 c. à thé) de miso blanc
60 ml (¼ tasse) d'eau

Enlevez les parties inférieure et supérieure du concombre et râpez-le à l'aide d'une râpe à gros grains. Enlevez le cœur de la pomme et râpez-le avec la même râpe. Mettez le concombre et la pomme dans un bol à mélanger avec les grains de maïs. Enlevez les feuilles de menthe des tiges et jetez les tiges. Mettez les feuilles dans le mélangeur. À l'aide d'une cuiller, détachez la chair de l'avocat et ajoutez au mélangeur avec les dattes, le jus de citron, le miso et l'eau. Mélangez jusqu'à l'obtention d'une crème. Ajoutez plus d'eau au besoin. À l'aide d'une cuiller, versez la sauce sur le mélange de concombre et mélangez bien. Servez immédiatement.

Suggestion pour le service : servir avec un cari de panais. Ce plat rafraîchissant de concombre et de menthe agrémente la chaleur du cari.

Salade de hijiki et de fenouil à la mayonnaise de graines de potiron

La mayonnaise de graines de potiron produit un magnifique contraste crémeux et cette salade allie à la fois un sentiment de vertu et de péché.

15 min/4 à 8 h de trempage
Robot culinaire, mélangeur
4 portions

Ingrédients
400 g (4¼ tasses) de chou blanc
1 bulbe de fenouil
30 g (⅓ tasse) de hijiki, trempé 1 h
120 g (1 tasse) de graines de potiron, trempées de 4 à 8 h
15 ml (1 c. à soupe) d'huile de chanvre
Jus d'un citron
1 gousse d'ail
125 ml (½ tasse) d'eau
Sel de mer et poivre noir au goût

Tranchez le chou et le fenouil en utilisant une lame fine et mettez-les dans un bol avec le hijiki égoutté. Mettez les graines de potiron, l'huile de chanvre, le jus de citron, l'ail et l'eau dans le mélangeur et mélangez pendant quelques minutes, jusqu'à l'obtention d'une crème épaisse. À l'aide d'une cuiller, garnissez-en les légumes. Vous n'en utiliserez que les deux tiers environ, juste assez pour les couvrir, sans les noyer. Réservez le reste de la mayonnaise pour une autre utilisation ou déshydratez-la. Servez immédiatement.

Les graines de potiron regorgent d'éléments nutritifs. Nous essayons d'en manger chaque jour, nature comme collation, en beurre de noix ou en mélange dans une trempette ou une sauce. En plus d'être l'une des plus riches sources alimentaires de zinc, elles sont une source exceptionnelle de l'acide aminé tryptophane, qui augmente le niveau de sérotonine dans le sang.

Croustilles de courgette

Le dernier aliment cuit qu'il m'a coûté d'abandonner est la pomme de terre. Pendant des années, et même une décennie, je ne pouvais pas passer devant un *Chip Shop* l'hiver sans avoir envie de manger des croustilles. À ma grande surprise, cette envie s'est estompée éventuellement, et aujourd'hui, si je vous rencontrais dans un *Chip Shop*, je n'aurais même pas envie de prendre une croustille dans votre assiette! Ces croustilles rappellent les pommes chips : elles sont grasses, couvertes de sel et de vinaigre et vous pouvez les manger directement en les sortant du déshydrateur, même chaudes.

5 min/12 h de marinage/8 h de déshydratation
Déshydrateur
2 portions

Ingrédients
500 g (environ 3) courgettes
15 ml (1 c. à soupe) de vinaigre balsamique
30 ml (2 c. à soupe) d'huile d'olive
15 ml (1 c. à soupe) de tamari
5 g (2 c. à soupe) de salade de légumes
   de mer de l'Atlantique

Tranchez vos courgettes en chips épaisses en enlevant leurs parties inférieure et supérieure, en les tranchant en deux dans la largeur puis en tranchant chacune des moitiés sur la longueur en quarts, et mettez-les dans un bol peu profond ou une assiette de service. Versez le vinaigre, l'huile et le tamari. Ajoutez la salade en mélangeant. Laissez mariner pendant 12 heures en remuant à des intervalles réguliers pour vous assurer que les courgettes sont enduites uniformément. Elles devraient absorber la moitié du liquide. Après 12 heures, placer les chips séparément sur les plateaux de séchage de votre déshydrateur. Le reste de la marinade peut servir comme sauce pour salade. Déshydratez les chips pendant 6 à 8 heures. Mangez-les chaudes, directement du déshydrateur. Elles ressemblent moins à des pommes chips une fois refroidies.

Riz au panais

J'ai mis des années avant de me rendre compte qu'on pouvait manger le panais cru. Essayez et prenez-en une bouchée. Il a un goût sucré distinctif, mais une texture de bois et il est donc difficile à mastiquer. Ce n'est pas le genre d'aliment qu'on grignote, comme les carottes. Cela dit, si vous les coupez en bouchées assez petites, vous n'aurez aucune difficulté à profiter de leur saveur unique. Essayez aussi la recette de soupe au panais à la page 90.

10 min/8 à 12 h de prétrempage
Robot culinaire
4 portions

Ingrédients
15 g (3 c. à soupe) de wakamé
120 g (¾ tasse) de noix de cajou, prétrempées de 8 à 12 h
4 panais
30 ml (2 c. à soupe) d'huile de sésame
15 ml (1 c. à soupe) de vinaigre de riz
Jus d'un citron
15 ml (1 c. à soupe) de sirop de datte
15 ml (1 c. à soupe) de tamari

À l'aide de ciseaux, découpez le wakamé en très petits morceaux. Trempez dans l'eau filtrée pendant 10 minutes pendant que vous préparez les autres ingrédients. Coupez les parties inférieure et supérieure des panais, hachez-les en morceaux et mettez-les dans le robot culinaire avec les noix de cajou. Transformez jusqu'à l'obtention de morceaux de la taille d'un grain de riz. Transvidez le mélange dans un bol à mélanger. Ajoutez le reste des ingrédients, de même que le wakamé égoutté. Mélangez bien et servez dans les 24 heures. Conservez le riz au réfrigérateur si vous ne le servez pas immédiatement.

Si vous avez essayé le wakamé, mais qu'il ne vous dit rien, vous pouvez lui substituer la dulse ou le spaghetti de mer dans cette recette.

Satay de patate douce

Les patates douces sont également des légumes que vous ne songeriez pas à manger crus, mais elles sont étonnamment bonnes. Leur goût se situe entre celui d'une carotte et d'une pomme. Vous pouvez les peler, les couper en bâtonnets et les servir avec une trempette, ou encore les râper comme dans cette recette. C'est la sauce pour satay qui se trouve dans *Certains l'aiment cru*. Les dattes font ressortir le goût sucré des patates douces.

20 min/8 à 12 h de prétrempage
Robot culinaire, mélangeur
4 portions

Ingrédients
150 g (1 tasse) d'amandes, prétrempées de 8 à 12 h
60 g (⅓ tasse) de dattes fraîches, dénoyautées
Jus d'un citron
1 piment fort, tige et graines enlevées
60 ml (¼ tasse) d'eau
2 patates douces
60 g (¾ tasse) de morceaux de noix de coco fraîche

Pour préparer la sauce pour satay, déposez les amandes, les dattes, le jus de citron, le piment et l'eau dans le mélangeur et mélangez jusqu'à l'obtention d'une crème. Nettoyez les patates douces (il n'est pas nécessaire de les peler), râpez-les à l'aide d'une râpe fine et mettez-les dans un bol à mélanger. Râpez les morceaux de noix de coco et déposez-les dans le bol. Versez la sauce sur le tout et mélangez bien.

S'il vous est impossible de vous procurer de la noix de coco fraîche, la noix de coco séchée, en crème ou même en beurre conviendra tout autant.

Les bonnes-bouches

Vous aurez besoin d'un déshydrateur pour la plupart de ces recettes. Si vous êtes certaine d'expérimenter les aliments crus pendant plus de quelques mois, il vaut la peine de vous procurer un de ces « fours crus ». Vous aurez beaucoup de plaisir à faire des biscuits et des burgers pour vous et pour votre famille. Si vous ne disposez pas de cet appareil, quelques options s'offrent à vous.

Vous pouvez frire légèrement les burgers dans l'huile de noix de coco (la seule huile pressée à froid stable sur le plan thermique et ainsi, celle qui convient pour la friture). Quelques minutes seulement de chaque côté et ils seront réchauffés. Ils ne se déferont pas et vous n'aurez pas à les cuire.

Vous pouvez les placer sous le gril pendant quelques minutes de chaque côté. Encore une fois, assurez-vous qu'ils sont légèrement dorés des deux côtés sans pour autant être cuits.

Vous pouvez les placer dans une lingerie ou sur le dessus d'un radiateur chaud pendant une journée. De cette façon, ils s'assécheront un peu. S'il fait chaud, vous pouvez essayer le séchage au soleil. Laissez-les au soleil pendant une journée, mais assurez-vous de les abriter des mouches et de les rentrer s'il commence à pleuvoir.

Les crudistes conseillent souvent d'utiliser le four à la plus faible température avec la porte ouverte. Prenez seulement garde de ne pas les laisser sans surveillance et assurez-vous que le four ne chauffe pas trop.

Peu importe la méthode de préparation que vous choisissez, les plats de cette section constituent un ajout substantiel à tout repas et un remplacement bienvenu des simples salades.

Petits fours aux haricots

Ils sont excellents avec l'un des chutneys des pages 61 à 63. Vous pouvez utiliser un mélange de lentilles, d'aduki, d'ambériques, de graines de tournesol ou de pois chiches dans cette recette. Si vous n'avez pas pu préparer vos propres germes, vous pouvez vous procurer un emballage de germes prêts à servir dans un magasin d'aliments biologiques. Ce sera parfait.

10 min/4 à 8 h de trempage/18 h de déshydratation • Mélangeur, déshydrateur • 24 portions

Ingrédients

250 g (1¼ tasse) de germes mélangés
90 g (½ tasse) de graines de sésame, trempées de 4 à 8 h
1 petit bouquet de coriandre
1 oignon

30 ml (2 c. à soupe) d'huile d'olive
5 g (1 c. à soupe) de poudre de cumin
5 g (1 c. à soupe) de garam massala
15 ml (1 c. à soupe) de tamari

Faites germer vos haricots à l'avance. Prétrempez vos graines de sésame. Préparez la coriandre et l'oignon pour le mélangeur. Mettez tous les ingrédients dans le mélangeur et mélangez-les jusqu'à l'obtention d'une purée épaisse. Ajoutez un peu d'eau au besoin, mais gardez la purée aussi épaisse que possible. À l'aide d'une cuiller, mettez de bonnes cuillerées du mélange sur un plateau de séchage — environ une cuiller à soupe à la fois. Idéalement, les petits fours doivent avoir une épaisseur de 1 à 2,5 cm (½ à 1 po) — ils ne sécheront pas s'ils sont plus épais. Séchez pendant 12 h, retournez-les et séchez pendant 6 h. Ils se conservent jusqu'à une semaine dans un contenant étanche au réfrigérateur. La coriandre est la seule plante classifiée à la fois comme herbe et épice. Les feuilles peuvent servir à faire du thé, alors que les graines sont utilisées comme épice.

Saucisses à la sauge et aux lentilles

Très traditionnelles ! Excellentes pour les dîners et les pique-niques.

10 min/18 h de déshydratation • Mélangeur, déshydrateur • 12 saucisses

Ingrédients

90 g (½ tasse) de lentilles, germées
1 oignon
1 petit bouquet de sauge
60 ml (¼ tasse) d'huile d'olive

60 g (⅓ tasse) de graines de sésame, trempées de 4 à 8 h
30 g (½ tasse) de tomates séchées (p. 186)
15 ml (1 c. à soupe de miso)

Faites germer vos lentilles deux à trois jours à l'avance. Pelez l'oignon, enlevez les parties inférieure et supérieure et coupez-le en quartiers pour le mélangeur. Hachez la sauge grossièrement et mettez le tout dans le mélangeur jusqu'à l'obtention d'une purée épaisse. Prenez une cuiller à soupe à la fois et formez des saucisses épaisses, d'environ 2,5 cm (1 po) de diamètre et 10 cm (4 po) de longueur. Mettez les saucisses sur les plateaux de séchage et séchez pendant 12 h. Retournez et séchez pendant 6 h. Servez avec du ketchup aux tomates (*Certains l'aiment cru*) ou du ketchup au poivron rouge (p. 72).

Le nom latin de la sauge est *salvia officialinis,* qui vient de *salvere* en latin pour « être sauvé », en raison de sa réputation comme plante médicinale.

Burgers aux betteraves

Même les gens qui n'aiment pas les betteraves les aimeront dans cette recette. Le processus de déshydratation fait ressortir la saveur sucrée naturelle de ce merveilleux légume.

20 min/8 à 12 h de trempage/6 h de déshydratation
Mélangeur, déshydrateur
4 portions (environ 16 burgers)

Ingrédients
20 g (2 c. à soupe) de graines de lin, moulues
4 betteraves
1 grosse carotte
1 tomate
1 piment fort
½ oignon
4 dattes fraîches, dénoyautées
150 g (1 tasse) d'amandes, trempées de 8 à 12 h
15 ml (1 c. à soupe) de tamari
125 ml (½ tasse) d'eau

Moulez les graines de lin dans un moulin à café ou un mélangeur puissant. Enlevez les parties inférieure et supérieure des betteraves et pelez-les. Enlevez les parties inférieure et supérieure de la carotte et la hachez en bouchées. Coupez la tomate en quartiers. Enlevez la tige et les graines du piment fort. Un mélangeur puissant est ce qui convient le mieux, sinon utilisez un robot culinaire. Mettez-y tous les ingrédients, sauf les graines de lin. Vous obtiendrez une bouillie plutôt qu'une purée. Lorsque vous êtes certaine qu'il n'y a plus de grumeaux (si vous trouvez un morceau de carotte ou de betterave que vous n'arrivez pas à réduire, enlevez-le tout simplement). Ajoutez les graines de lin, elles lieront le mélange. Formez des galettes d'environ 2,5 cm (1 po) d'épaisseur et 10 cm (4 po) de largeur. Elles doivent remplir deux plateaux de séchage. Laissez sécher pendant 4 h. Ce sont de merveilleux burgers, tendres et consistants. Servez avec du ketchup ou de la mayonnaise et une salade individuelle.

Les graines de lin sont bénéfiques pour le côlon qu'elles renforcent et nettoient. Trempez 15 ml (1 c. à soupe) de graines dans 625 ml (2 ½ tasses) d'eau. Laissez reposer pendant 10 minutes, égouttez et buvez. Ajoutez un peu de jus de citron et de miel brut si vous désirez en améliorer le goût.

Crêpes à la noix de cajou

Elles sont basées sur la recette d'une mère crudiste de l'Angleterre, Karen Rodgers. Elles sont étonnamment authentiques. Garnissez-les de beurre blanc aux amandes et de sirop d'agave comme gâterie pour le Mardi gras. Vous serez probablement tentée d'en manger une montagne, mais il est probablement plus judicieux de se limiter à deux crêpes par personne, car elles sont très riches.

15 min/8 à 12 h de trempage/12 h de déshydratation
Mélangeur, déshydrateur
8 crêpes

Ingrédients
250 g (1¾ tasse) de noix de cajou, prétrempées de 8 à 12 h
500 ml (2 tasses) d'eau
10 ml (2 c. à thé) d'extrait de vanille
5 ml (1 c. à thé) de tamari
4 dattes fraîches, dénoyautées
5 g (1 c. à soupe) de poudre de psyllium

Prétrempez vos noix de cajou. Mettez tous les ingrédients, sauf le psyllium, dans le mélangeur et mélangez jusqu'à l'obtention d'une crème liquide. Laissez le mélangeur fonctionner quelques minutes pour vous assurer que le mélange est vraiment lisse, sans petits morceaux. Une fois le mélange prêt, ajoutez le psyllium et mélangez de nouveau brièvement. À l'aide d'une cuiller, disposez le mélange sur les plateaux de séchage immédiatement, avant que le psyllium commence à durcir. Vous pouvez mettre 2 crêpes d'environ 15 cm (6 po) de diamètre sur un plateau et les étendre, assez minces, pour obtenir 8 crêpes. Séchez pendant 6 h puis retournez les crêpes et séchez pendant 2 à 4 h. Servez-les chaudes, directement du déshydrateur. Les restes (ha!) se conserveront pendant une journée ou deux au réfrigérateur.

La noix de cajou est la graine du fruit de la pomme cajou. Bien que ce fruit ne soit pas courant en Europe ou aux États-Unis, il est très populaire au Brésil et dans les Caraïbes.

Burgers au tournesol

Les graines provenant de la très belle plante qu'est le tournesol forment probablement la collation la plus populaire. Elles sont une excellente source de vitamine E, d'acides gras essentiels, de magnésium et de sélénium.

15 min/4 à 8 h de trempage/12 h de séchage • Mélangeur, déshydrateur • 18 burgers

Ingrédients

250 g (1¾ tasse) de graines de tournesol, trempées de 4 à 8 h
20 g (2 c. à soupe) de graines de lin, moulues
2 branches de céleri
1 oignon
3 tomates
1 piment fort
3 carottes, hachées
15 ml (1 c. à soupe) de tamari

Trempez les graines de tournesol d'avance. Moulez les graines de lin dans un moulin à café ou un mélangeur puissant. Hachez le céleri, l'oignon et les tomates. Enlevez la tige et les graines du piment fort. Mettez tous les ingrédients, sauf les graines de lin, dans le mélangeur. Mélangez jusqu'à l'obtention d'une épaisse purée puis ajoutez les graines de lin pour raffermir le mélange. À l'aide d'une cuiller à soupe, mettez de bonnes cuillerées du mélange sur le plateau du déshydrateur et aplatissez-les à environ 2,5 à 3 cm (1 à 1 ½ po) d'épaisseur et 10 cm (4 po) de diamètre. Disposez sur un plateau de séchage et séchez pendant 8 h. Retournez et séchez encore 4 h.

Burgers aux graines de chanvre

Les graines de chanvre apportent une profondeur distinctive à tout mets. Elles sont l'une des meilleures sources d'acides gras essentiels omégas 3 et 6 et d'acide gamma-linoléique qui est difficile à trouver.

15 min/4 à 8 h de trempage/18 h de séchage • Mélangeur, déshydrateur • 12 portions

Ingrédients

120 g (¾ tasse) de graines de tournesol, germées
120 g (¾ tasse) de graines de chanvre, trempées de 4 à 8 h
4 tomates
1 poivron rouge
1 petit bouquet de persil
1 oignon
5 g (1 c. à soupe) de garam massala

Faites germer vos graines de tournesol un jour ou deux à l'avance. Prétrempez vos graines de chanvre. Préparez vos légumes pour le mélangeur : enlevez les pédoncules, tiges, et graines indésirables puis hachez en gros morceaux. Mettez tous les ingrédients dans l'appareil et mélangez jusqu'à l'obtention d'une crème rose épaisse. À l'aide d'une cuiller, mettez le mélange sur les plateaux de séchage. Formez des galettes d'environ 3 cm (1 ½ po) d'épaisseur et 10 cm (4 po) de largeur. Séchez pendant 12 h puis retournez-les et séchez-les pendant 6 h.

Pain de pois chiches

Les pois chiches germés sont très apaisants, très rassurants lorsqu'ils sont mélangés en pains, en hoummos ou en soupes. Pendant la germination, assurez-vous que les queues restent petites; le haricot doit être plus gros que la queue, sinon votre recette aura un désagréable goût de bois. Conservez un peu de queues et vous verrez à peine la différence entre un hoummos cru et cuit.

10 min/4 à 8 h de trempage/12 h de séchage
Mélangeur, déshydrateur
4 portions

Ingrédients

150 g (1 tasse) de pois chiches, germés
90 g (½ tasse) de graines de sésame, trempées de 4 à 8 h
2 carottes
1 oignon

60 ml (¼ tasse) d'huile d'olive
1 petit bouquet de persil, haché finement
10 ml (2 c. à thé) de miso
125 ml (½ tasse) d'eau
Sauce pour pâtes (p. 162) (facultative)

Faites germer vos pois chiches deux ou trois jours à l'avance. Prétrempez vos graines de sésame. Enlevez les parties inférieure et supérieure des carottes et de l'oignon et préparez-les pour le mélangeur. Mettez tous les ingrédients dans l'appareil et mélangez jusqu'à l'obtention d'une purée épaisse. À l'aide d'une cuiller, déposez le mélange sur un plateau de séchage et formez une miche d'environ 3 cm (1 ½ po) d'épaisseur, 15 cm (6 po) de largeur et 20 cm (8 po) de longueur. Si vous avez le temps et si vous en avez envie, préparez une portion de sauce pour pâtes et étendez-la sur le dessus. Déshydratez pendant 12 h. Vous pouvez également faire la sauce lorsque vous êtes prête à servir le pain et le garnir de sauce à l'aide d'une cuiller. Vous pouvez aussi le servir avec du ketchup au poivron rouge (p. 72).

Les pois chiches sont l'une des principales sources de fibres alimentaires. Cette recette contient pratiquement 100 % de l'apport quotidien recommandé.

Burgers d'amour

Ils sont superbement sucrés et crémeux et d'une merveilleuse couleur rose romantique. Servez-les à la Saint-Valentin ou pour un repas spécial en amoureux.

10 min/4 à 8 h de trempage • Mélangeur, déshydrateur • 4 à 6 portions

Ingrédients

250 g (1¾ tasse) de noix de cajou, trempées de 8 à 12 h
2 poivrons rouges
1 petit chou-fleur
½ oignon
10 ml (2 c. à thé) de miso blanc

Trempez les noix de cajou d'avance. Préparez les poivrons : enlevez la tige et les graines et hachez en gros morceaux. Enlevez les feuilles du chou-fleur et hachez les bouquets en morceaux. Mettez le tout dans le mélangeur et mélangez jusqu'à l'obtention d'une crème épaisse. Vous ne devriez pas avoir besoin d'eau, car les poivrons se liquéfieront. Prenez des cuillers à soupe combles du mélange et avec vos mains, façonnez des cœurs sur le plateau de séchage, environ 2,5 cm (1 po) d'épaisseur et 10 cm (4 po) de diamètre. Déshydratez pendant 12 h en retournant les cœurs environ aux deux tiers du temps. Servez avec un filet de ketchup au poivron rouge autour de l'assiette pour un plus bel effet. Je préfère le miso blanc ou le shiro miso, car il est moins salé et sa saveur est plus douce. Essayez d'autres types de miso, comme le miso d'orge (mugi miso) et l'hatcho miso (miso de soja). Le Natto miso est un chutney qui accompagne bien les salades ou les sauces pour salades.

Burgers aux lentilles

Les lentilles germées sont une excellente source de protéines. Elles aident à stabiliser la glycémie et sont riches en vitamines B et en oligoéléments difficiles à trouver, le molybdène et le manganèse. J'utilise habituellement des lentilles vertes, mais vous pouvez utiliser les petites lentilles du Puy. Les lentilles rouges ne germeront pas, car elles ont été fendues.

15 min/4 à 8 h de trempage/12 h de séchage • Mélangeur, déshydrateur • 12 portions

Ingrédients

200 g (1 tasse) de lentilles, germées
120 g (¾ tasse) de graines de tournesol, trempées de 4 à 8 h
60 g (⅓ tasse) de graines de lin, moulues
1 oignon
1 petit bouquet de persil
1 petit bouquet de basilic
60 ml (¼ tasse) d'huile d'olive
15 ml (1 c. à soupe) de miso
60 ml (¼ tasse) d'eau

Faites germer vos lentilles deux ou trois jours à l'avance. Prétrempez vos graines de tournesol. Moulez vos graines de lin dans un moulin à café ou un mélangeur puissant. Préparez l'oignon, le persil et le basilic en les hachant grossièrement et mettez-les dans le mélangeur. Mettez tout le reste, sauf les graines de lin, et transformez jusqu'à l'obtention d'une pâte épaisse. Vous devrez peut-être ajouter un peu plus d'eau. Ajoutez les graines de lin et mélangez de nouveau, jusqu'à ce que le mélange ait épaissi. Formez trois galettes avec vos mains. Avec une cuiller, formez des burgers d'environ 3 cm (1 ½ po) d'épaisseur et 10 cm (4 po) de largeur sur vos plateaux de séchage. Séchez pendant 12 h. De nombreux yogis et bouddhistes évitent les oignons et l'ail, car ils les trouvent trop stimulants, ou « rajasic » dans le système ayurvedique, et non favorables pour la méditation.

Petits fours aux épinards

Les épinards sont une source étonnante de nutriments. Ils regorgent de caroténoïdes et de flavonoïdes qui combattent le cancer, de vitamines et de minéraux. Une tasse d'épinards contient 200 % de l'apport quotidien recommandé en vitamine K qui aide à maintenir la santé des os. Si vous le pouvez, procurez-vous des épinards en vrac plutôt que ceux qu'on vend en emballage. Ils ont un goût beaucoup plus prononcé et sont plus nutritifs.

5 min/4 à 8 h de trempage/18 h de séchage
Mélangeur, déshydrateur
18 portions

Ingrédients
90 g (½ tasse) de graines de sésame, prétrempées de 4 à 8 h
250 g (8 tasses) d'épinards
5 ml (1 c. à thé) de tamari
5 ml (1 c. à thé) de varech
½ oignon
125 ml (½ tasse) d'eau

C'est une des recettes les plus faciles. Prétrempez vos graines de sésame. Mettez tous les ingrédients dans le mélangeur et mélangez à vitesse rapide pendant quelques minutes, jusqu'à ce que toutes les graines soient moulues. À l'aide d'une cuiller, déposez de bonnes cuillerées du mélange sur les plateaux de séchage. Séchez pendant 12 h. Retournez les petits fours et séchez encore 6 h.

Ces petits fours sont particulièrement délicieux servis avec du citron mariné (p. 73) ou du chutney aux dattes (p. 67).

Burgers épicés aux amandes

Les graines de lin sont ce qu'il y a de mieux pour lier les aliments ensemble dans la cuisine crudiste. Une cuiller à soupe ou deux de graines moulues est le moyen le plus sûr de vous assurer que votre mélange ne se défait pas lorsque vous faites des burgers, des pains, des pâtisseries, des biscuits, tout ce qui doit être un peu raffermi.

20 min/8 à 12 h de trempage/12 h de séchage • Mélangeur, déshydrateur • 12 burgers

Ingrédients

20 g (2 c. à soupe) de graines de lin, moulues
2 carottes
3 tomates
2 branches de céleri
1 oignon
2 piments forts
15 ml (1 c. à soupe) de tamari
250 g (1⅔ tasse) d'amandes, trempées de 8 à 12 h

Moulez les graines de lin dans un moulin à café ou avec un mélangeur puissant. Hachez grossièrement les carottes, les tomates, le céleri et l'oignon afin de pouvoir les mettre dans votre mélangeur. Retirez les graines et la tige des piments forts puis mettez-les dans le mélangeur, de même que les amandes et le tamari. Réduisez en purée jusqu'à ce qu'il n'y ait plus de grumeaux de légumes ou d'amandes. Ajoutez les graines de lin et mélangez de nouveau. Formez des galettes avec les mains d'au plus 2,5 cm (1 po) d'épaisseur et d'environ 10 cm (4 po) de diamètre. Vous devriez obtenir 12 burgers. Mettez les burgers sur les plateaux de séchage et séchez pendant 12 h, jusqu'à ce qu'ils soient croustillants des deux côtés, mais tendres au milieu. Les graines de lin sont le moyen le plus facile de préparer des craquelins crus. Trempez simplement vos graines dans l'eau jusqu'à ce qu'elles ne puissent plus en absorber (environ le triple, poids pour poids) puis ajoutez vos aromatisants préférés, sucrés ou salés, étendez-les en couches minces sur les plateaux du déshydrateur et laissez-les sécher jusqu'à l'obtention de craquelins croustillants.

Tempura

20 min/8 à 12 h de trempage/12 h de séchage • Mélangeur, déshydrateur • 12 burgers

Ingrédients

60 g (½ tasse) de graines de tournesol, trempées de 4 à 8 h
60 g (½ tasse) de graines de potiron, trempées de 4 à 8 h
4 poivrons rouges
4 champignons portobello
60 g (⅓ tasse) de graines de lin
1 piment rouge, tige et graines enlevées
2 gousses d'ail
2 dattes fraîches, dénoyautées
15 ml (1 c. à soupe) de tamari
500 ml (2 tasses) d'eau

Vous pouvez prétremper vos graines de tournesol et de potiron dans le même bol. Enlever la tige et les graines des poivrons et les trancher sur la longueur en lanières d'environ 1 cm (½ po) de largeur. Trancher les champignons en morceaux de la même grosseur. Pour faire la pâte, mettre tous les ingrédients dans le mélangeur, sauf les champignons et les poivrons, et transformer pendant quelques minutes, jusqu'à ce que le mélange commence à épaissir. Il doit être quelque peu élastique. Mettre la pâte, les champignons et les poivrons dans un bol. Bien mélanger jusqu'à ce que les légumes soient entièrement enrobés. Étendre le mélange sur trois ou quatre plateaux de séchage en s'assurant qu'il est réparti de façon mince et uniforme. Sécher pendant 12 h.

Quiche aux épinards et aux champignons

Les quiches et les tartes crues sont beaucoup plus faciles à faire que leurs équivalentes cuites. J'en ai souvent fait la démonstration dans le cadre d'ateliers et les gens sont étonnés de voir la rapidité avec laquelle vous pouvez préparer un plat aussi impressionnant et savoureux. Pas besoin de rouler la pâte, de précuire, de faire bouillir la sauce. Aucune inquiétude au sujet des grumeaux ou des croûtes brûlées. Fiou !

40 min/8 à 12 h de trempage/2 h de durcissement
Robot culinaire, mélangeur
8 portions

Ingrédients
250 g (1¾ tasse) d'amandes
250 g (2¾ tasses) de flocons d'avoine
15 ml (1 c. à soupe) de beurre de sésame
15 ml (1 c. à soupe) de miso
5 ml (1 c. à thé) d'assaisonnement au chili
5 ml (1 c. à thé) de poudre de cumin
15 ml (1 c. à soupe) d'eau
8 champignons (120 g)
250 g (8 tasses) d'épinards
1 carotte
½ oignon
½ avocat
5 ml (1 c. à thé) de tamari
30 ml (2 c. à soupe) d'huile d'olive
125 ml (½ tasse) d'eau
15 g (1 c. à soupe) de psyllium

Préparez d'abord la croûte. Mettez les amandes et l'avoine dans un robot culinaire et transformez aussi complètement que possible. Ajoutez le beurre de sésame, le miso, l'assaisonnement au chili, la poudre de cumin et transformez de nouveau. Si le mélange n'est pas assez collant, ajoutez un peu d'eau; une cuiller à soupe devrait suffire. Lorsque la pâte collante est formée, mettez-la dans un grand moule à tarte en appuyant, et garnissez la base et les côtés. Hachez finement les champignons et disposez-les uniformément sur la pâte. Pour faire la crème d'épinards, préparez les épinards, la carotte, l'oignon et l'avocat et mettez-les dans le mélangeur. Ajoutez le tamari, l'huile d'olive et l'eau et mélangez jusqu'à l'obtention d'une crème épaisse, puis ajoutez le psyllium et mélangez de nouveau. Le mélange commencera à épaissir. Versez ce mélange sur les champignons. Réfrigérez pendant deux heures pour permettre au psyllium de durcir. Servez avec une salade verte, comme la roquette et le hijiki.

Les graines de cumin sont assez différentes de la poudre. Leur saveur est semblable à celle du fenouil et de l'aneth. Elles sont un superbe ajout aux salades et aux soupes. Par ailleurs, la poudre de cumin est l'une des notes prédominantes dans la poudre de cari et elle a une saveur et un arôme réconfortants et revivifiants.

Quiche aux tomates

30 min
Robot culinaire, mélangeur
8 portions

Ingrédients
300 g (2 tasses) d'amandes
150 g (1⅔ tasse) de flocons d'avoine
15 ml (1 c. à soupe) de beurre de sésame
15 ml (1 c. à soupe) de miso
30 à 60 ml (2 à 4 c. à soupe) d'eau
8 champignons (250 g)
90 g (½ tasse) d'olives
1 épi de maïs
5 tomates
1 carotte
1 branche de céleri
20 g (2 c. à soupe) de tomates séchées (p. 186)
2 dattes
¼ d'oignon
5 ml (1 c. à thé) de tamari
15 ml (1 c. à soupe) d'huile d'olive
15 ml (1 c. à soupe) de vinaigre de cidre de pomme
1 bouquet de basilic
5 g (1 c. à soupe) de psyllium

Moulez les amandes et l'avoine dans un moulin à café ou un mélangeur puissant puis mettez-les dans un bol à mélanger. Ajoutez le beurre de sésame, le miso et l'eau. Pétrissez avec vos mains jusqu'à l'obtention d'une pâte ferme et mettez-les dans un grand moule à tarte en appuyant. Garnissez la base et les côtés d'une croûte d'environ 1 cm (½ po) d'épaisseur. Préparez la garniture. Tranchez les champignons en morceaux d'environ 0,5 cm (¼ po) d'épaisseur. Disposez les morceaux sur la pâte. Disposez les olives. Enlevez les grains de maïs de l'épi à l'aide d'un couteau et répartissez-les sur les champignons et les olives. La dernière étape consiste à préparer la sauce aux tomates. Préparez les tomates, la carotte et le céleri pour le mélangeur et mélangez avec les tomates séchées, les dattes, l'oignon, le tamari, l'huile d'olive, le vinaigre et le basilic. Mélangez jusqu'à l'obtention d'une purée lisse. Ajoutez le psyllium et mélangez de nouveau. Le psyllium durcira très rapidement et la sauce doit être versé sur la base de pâte immédiatement. Réfrigérez pendant une heure ou deux et servez avec une salade verte, comme la simple salade (p. 117). La quiche se conservera pendant trois ou quatre jours au réfrigérateur.

Les sauces pour pâtes

La sauce pour pâtes a toujours été ma recette préférée. Tous les chefs crus ont leur propre recette de sauce aux tomates et vous croyez peut-être que ce n'est pas très compliqué; il suffit de couper quelques tomates et un peu de basilic et de les passer au mélangeur, et le tour est joué ! Croyez-moi ! Il y a quelque chose dans cette recette qui est imbattable. Chaque fois, je finis par racler le bol et lécher le plat pour être certaine de ne perdre aucune goutte de cette précieuse sauce. C'est également l'une des premières recettes que j'ai mises au point. Mon fils de trois ans était très capricieux (pour les autres mères qui ont le même problème, c'est une étape qui finit par passer; soyez persévérantes). J'ai donc été obligée d'inventer de nouveaux moyens de dissimuler les aliments crus dans son dîner sans qu'il le rejette. L'un de ses repas préférés restait les pâtes sans blé noyées dans cette sauce.

De toute évidence, les principaux ingrédients sont les tomates (quelques tomates fraîches, quelques tomates séchées). Vous pouvez acheter les tomates séchées en emballages ou les faire sécher dans le déshydrateur; je préfère les assécher moi-même pour les raisons suivantes : a) je sais qu'elles sont vraiment crues et relativement fraîches; b) elles sont moins chères. Les tomates séchées ajoutent une touche de richesse et donnent une saveur bien ancrée à toute sauce. J'ajoute ensuite des carottes et du céleri pour donner du corps à la sauce, et quelques légumes pour la santé de mes enfants. Ils refuseraient de manger du céleri nature, mais ils en mangent une grande quantité, caché dans les sauces et d'autres recettes. J'y mets aussi une poignée de dulse et un peu de varech. Nous mangeons des tonnes de légumes de mer. C'est une source importante de minéraux et un merveilleux ajout satisfaisant dans les plats salés. Saviez-vous que la dulse contient 15 fois plus de calcium que le lait de vache, poids pour poids ? J'ajoute ensuite les dattes et l'oignon dans le mélangeur. Pour une raison quelconque, cette paire d'ingrédients fonctionne vraiment bien; elle crée un mélange sucré et épicé délectable.

Enfin, vous ajoutez un peu de vinaigre de cidre de pomme, un trait de tamari et un filet d'huile d'olive pour obtenir une sauce piquante et vibrante.

Nous en mangeons chaque semaine, car les variantes sont infinies. Si je la sers aux enfants, je la sers telle quelle et je la verse sur les pâtes. Parfois je leur sers des « haricots cuits » : des pois chiches germés qui ont cuit dans l'eau pendant une demi-heure pour les ramollir. Toutefois, pour mon mari et moi, je varie un peu et je crée un tout nouveau plat. Pour les pâtes de base, j'ajoute un bouquet de basilic, la moitié d'un piment fort et une gousse d'ail par personne. Je verse cette sauce sur des légumes hachés et je sers le tout saupoudré d'un peu de substitut de fromage cru ou d'une poignée de pignons. Essayez les « courgettis » (courgettes tranchées en spirales, comme les spaghettis) ou les « carrotellis » (carottes tranchées en spirales, comme les tagliatelles). La courge musquée donne également d'excellentes nouilles tranchées en spirales. La sauce pour pizza est également une option évidente. Il existe de nombreuses recettes de base pour la pizza crue. Vous pouvez simplement préparer un mélange de tomates et de graines de lin, puis façonner le mélange en rondelles minces et les déshydrater. Si vous n'avez pas le temps de préparer des bases, mélangez les garnitures habituelles de pizza à la sauce — maïs sucré, champignons et olives — et utilisez-les comme farce avec des poivrons : des poivrons pizzas ! Pour un chili cru, ajoutez à votre sauce un piment fort entier par personne, quelques betteraves et carottes râpées finement, de même qu'une bonne poignée de germes de haricot. Vous avez envie d'un cari ? Ajoutez une gousse d'ail, un morceau de gingembre de la même grosseur, un piment fort et 5 ml (1 c. à thé) de poudre de cari. Ajoutez quelques légumes; les champignons, le chou-fleur, le brocoli et le poivron vert forment une bonne combinaison. Enfin, ma variante préférée est le cari rouge thaï. Ajoutez-y les assaisonnements thaïs traditionnels, comme le galangal, la lime, la citronnelle, la coriandre et la noix de coco (pour obtenir la liste complète, consultez mon livre *Certains l'aiment cru*).

Selon mes calculs, il existe 11 façons différentes d'utiliser cette sauce, et il y en a certainement d'autres auxquelles vous pouvez penser.

Chili

20 min
Mélangeur
2 portions

Ingrédients

1 grosse ou 2 petites betteraves
3 tomates
1 piment fort, tige et graines enlevées
4 dattes fraîches, dénoyautées
15 ml (1 c. à soupe) de vinaigre de cidre de pomme
30 ml (2 c. à soupe) d'huile d'olive

5 ml (1 c. à thé) de tamari
¼ d'oignon
2 gousses d'ail
5 g (2 c. à soupe) de flocons de dulse
30 g (½ tasse) de germes de haricot mélangés

Enlevez les parties inférieure et supérieure de la betterave et pelez-la. Si vous avez un mélangeur puissant, vous pouvez la hacher en dés à cette étape de la préparation. Autrement, râpez la betterave et réservez. Mettez les tomates, le piment fort et les dattes, le vinaigre, l'huile d'olive, le tamari, l'oignon et l'ail dans l'appareil et mélangez jusqu'à l'obtention d'une purée. Une fois le mélange lisse, ajoutez la betterave râpée et les flocons de dulse. Mélangez à la main. Si vous utilisez un mélangeur puissant, vous pouvez ajouter la dulse et la betterave en dés et mélanger au réglage 3 ou 4 pour obtenir une betterave à moitié amalgamée et à moitié en morceaux. Ajoutez les germes de haricot et mélangez à la main.

Vous pouvez servir ce chili de deux façons : pour obtenir un chili aux légumes, ajoutez quelques légumes prêts à servir, comme les champignons tranchés, les poivrons en dés, les bouquets de brocoli, les grains de maïs sucré ou les feuilles d'épinards déchiquetées, sinon, n'ajoutez rien et servez-le avec des tacos. Procurez-vous quelques petites feuilles de cœur de sucrine (ou des cœurs de laitue Boston ou romaine) comme coquilles tacos. Remplissez chaque feuille de chili et garnissez de mayonnaise crue (essayez la mayonnaise à l'avocat de *Certains l'aiment cru* ou le fromage à la crème de noix de cajou de la page 67) et de quelques germes de luzerne.

On croit que les piments rouges sont cultivés depuis plus de 7000 ans en Amérique du Sud et en Amérique centrale.

Pâtes gastronomiques

20 min
Découpeur en spirale, robot culinaire
2 portions

Ingrédients

2 portions de sauce pour pâtes (p. 162)
1 carotte
1 courgette
90 g (4 tasses) de feuilles vertes (p. ex. ail des bois, roquette)
1 avocat

200 g (2 tasses) de pleurotes
22 g (2 c. à soupe) d'olives
60 g (1 tasse) de tomates séchées (p. 186)
60 g (½ tasse) de noix de cajou
5 g (2 c. à soupe) de germes de luzerne

Préparez la sauce pour pâtes. À l'aide du découpeur en spirale, faites les rubans de légumes avec la carotte et la courgette. Si vous n'avez pas cet outil, utilisez un économe. Enlevez les parties inférieure et supérieure des légumes et pelez leur chair à plusieurs reprises. Ces pelures sont vos rubans ou vos « pâtes ». Mettez les rubans dans un grand bol à mélanger. Préparez les feuilles vertes. Réduisez les feuilles si elles sont trop grandes en les découpant avec des ciseaux. Mettez les feuilles dans le bol. Coupez la chair de l'avocat en dés et réduisez dans le bol. Les pleurotes ont une saveur très prononcée et doivent être tranchés finement. Ils apportent une texture de viande à votre salade sans être envahissants. Ajoutez les champignons au mélange avec les olives, les tomates séchées et la sauce pour pâtes. Mélangez bien le tout avec une cuiller pour que les légumes soient bien enrobés. Répartissez le mélange dans deux bols de service. Hachez les noix au robot culinaire, sans qu'elles soient moulues, mais de la même grosseur que du fromage râpé. Garnissez chaque portion de germes de luzerne et saupoudrez de noix de cajou.

L'ail sauvage provient de l'Angleterre et il est facile à trouver dans les haies au printemps. Sa feuille verte est molle et a un arôme d'ail âcre. Vous pouvez également consommer la fleur d'ail !

Recette de base de sauce pour pâtes

10 min
Mélangeur
Une portion

Ingrédients

3 tomates
1 carotte
1 branche de céleri
2 g (1 c. à soupe) de dulse
½ avocat
20 g (2 c. à soupe) de tomates séchées (p. 186)

2,5 ml (½ c. à thé) de varech
1 datte fraîche, dénoyautée
¼ d'oignon
5 ml (1 c. à thé) de vinaigre de cidre de pomme
5 ml (1 c. à thé) de tamari
5 ml (1 c. à thé) d'huile d'olive

Hachez grossièrement les tomates, la carotte et le céleri. Rincez la dulse. Mettez le tout dans le mélangeur et mélangez jusqu'à l'obtention d'un mélange lisse. Et voilà ! Une sauce parfaite pour toute occasion.

On soutient souvent que le lycopène des tomates n'est biodisponible que lorsque celles-ci sont cuites. Ce n'est pas tout à fait exact, car bien qu'il soit vrai que les tomates crues ne constituent pas une bonne source de ce précieux antioxydant, il demeure disponible dans le jus de tomate ou les tomates séchées (c.-à-d. tomates séchées au soleil).

Poivrons pizzas

15 min
Mélangeur
4 portions comme plat principal ou 8 comme mets d'accompagnement

Ingrédients
2 portions de sauce pour pâtes (p. 162)
4 poivrons rouges
1 petite tête de brocoli
90 g (3 tasses) d'épinards
60 g (⅓ tasse) de maïs
60 g (⅓ tasse) d'olives
60 g (½ tasse) de pignons

Préparez la sauce pour pâtes. Tranchez les poivrons en deux sur la longueur et enlevez toutes les graines et les tiges. Hachez le brocoli en bouchées, environ de la grosseur d'une noix de cajou. Tranchez finement les épinards. Dans un bol, mélangez la sauce pour pâtes, le brocoli, les épinards, le maïs, les olives et les pignons de façon à obtenir un mélange uniforme. À l'aide d'une cuiller, mettez le mélange dans les poivrons. Servez immédiatement ou déshydratez pendant quelques heures pour bien réchauffer les poivrons et faire ressortir les saveurs.

Si vous préparez ces poivrons pour des invités, utilisez un mélange de poivrons jaunes, rouges et orange pour un effet plus attrayant.

Pâtes tricolores

15 min
Découpeur en spirale, mélangeur
4 portions

Ingrédients
2 portions de sauce pour pâtes (p. 162)
2 courgettes
3 carottes
1 betterave

Préparez la sauce pour pâtes. Enlevez les parties inférieure et supérieure des courgettes, des carottes et de la betterave. Pelez la betterave. Si vous avez un découpeur en spirale, vous pouvez transformer vos légumes en nouilles étonnantes. Si vous n'avez pas cet outil pratique, vous pouvez préparer les nouilles à l'aide d'un simple économe : pelez les légumes en longueur de façon à obtenir de longues lanières semblables aux tagliatelles. Si vous êtes pressée, râpez le tout au robot culinaire. Peu importe l'outil que vous utilisez, vous devriez obtenir trois piles de légumes de trois couleurs — vert, rouge et orange. Mélangez le tout à la sauce. Cette recette se conserve pendant quelques jours au réfrigérateur. Les légumes ramolliront et la saveur ressortira.

Les fleurs de courgette sont très prisées. Elles peuvent être mangées crues en salade ou frites en pâte, comme le tempura.

Les biscuits et les craquelins

Malheureusement, il est incontournable; vous avez absolument besoin d'un déshydrateur pour les recettes de cette section. Les plus petits et les moins dispendieux sur le marché sont vendus au moyen du catalogue Organic Gardening (www.organiccatalog.com). C'est un bon achat si vous l'utilisez en amateur. Toutefois, si vous avez sérieusement l'intention d'adopter un régime crudiste, la seule option est l'Excalibur à neuf plateaux (de www.detoxyourworld.com). Neuf plateaux peuvent paraître excessifs, mais généralement, vous déshydraterez des quantités en vrac et vous serez étonnée de la vitesse avec laquelle vous pouvez les remplir. L'Excalibur est offert en noir et en blanc et il est à peu près de la taille d'un four à micro-ondes. Lorsqu'il est en marche (habituellement pendant des périodes de 12 à 24 h) vous entendrez un faible ronronnement causé par le ventilateur à l'arrière de l'appareil. Votre maison s'emplira de merveilleux arômes de cuisson — tout ce qui contient de la cannelle ou de l'oignon a une odeur particulièrement mordante. Je crois que c'est la toute dernière mode. Il y a quelques années, préparer son jus n'était l'apanage que des maniaques de la santé; maintenant pratiquement tout le monde a son extracteur de jus. Parallèlement, je crois que les gens commencent à apprendre comment s'amuser avec cet appareil et bientôt, tout le monde voudra avoir son déshydrateur.

Il est parfaitement possible d'être crudiste sans déshydrateur. Je l'ai été pendant six ans. Les puristes soutiennent que les aliments déshydratés ne doivent pas être considérés comme crus de toute façon. Il est vrai qu'il ne faut pas trop en manger. Pourtant, si vous voulez des biscuits crus, cet appareil est indispensable.

Craquelins croustillants au quinoa

Le quinoa est un grain aztèque ancien. C'est une protéine complète qui compte parmi les quelques grains qui ne sont pas glutineux une fois cuits. Il ne germe pas facilement, mais si vous obtenez un bon lot, c'est un merveilleux ajout aux salades.

15 min/8 à 12 h de trempage/18 h de séchage
Mélangeur, déshydrateur
Environ 30 craquelins

Ingrédients
120 g (⅔ tasse) de quinoa (p. 49)
60 g (⅓ tasse) de graines de lin, trempées pendant la nuit (voir ci-dessous)
5 ml (1 c. à thé) de tamari
30 ml (1 c. à soupe) d'huile d'olive
2 g (1 c. à soupe) de flocons de nori

Faites germer le quinoa deux jours à l'avance. Trempez les graines de lin pendant la nuit dans 250 ml (1 tasse) d'eau. Elles formeront une masse poisseuse. À l'aide d'une cuiller, mettez-les dans l'appareil avec le tamari et l'huile d'olive et mélangez jusqu'à l'obtention d'une crème dans laquelle il n'y a plus de graines visibles. Ajoutez les grains de quinoa et les flocons de nori en remuant à la main. Tartinez le mélange sur deux plateaux du déshydrateur et séchez pendant 12 h. Tranchez, retournez la feuille et déshydratez-la pendant 6 h.

Vous pouvez également manger les feuilles de quinoa, qui sont semblables à des épinards et à des bettes à carde, car ils appartiennent à la même famille.

Barres indiennes crues de Lisa

Elles sont basées sur une recette que m'a envoyée ma merveilleuse amie, Lisa Gylsen. Leur saveur est un peu prononcée pour les enfants, mais elles sont très populaires chez les adultes.

5 min/8 à 12 h de trempage/12 h de déshydratation
Mélangeur, déshydrateur
30 biscuits

Ingrédients
200 g (1⅓ tasse) de noix de cajou, trempées de 8 à 12 h
1 oignon rouge
120 g (1½ tasse) de noix de coco fraîche
1 gousse d'ail
2 feuilles de lime
5 ml (1 c. à thé) de miso
15 g (1 c. à soupe) de poudre de cari
5 ml (1 c. à thé) de cannelle
Jus de 4 citrons

Faites tremper les noix de cajou pendant la nuit. Pelez et hachez l'oignon. Hachez la noix de coco en petits morceaux pour faciliter le travail de votre mélangeur. Mettez le tout dans le mélangeur et continuez à écraser jusqu'à ce qu'il n'y ait plus de grumeaux de noix de coco ou de morceaux de feuille de lime. Étendez le mélange sur les plateaux de séchage et déshydratez pendant 12 h. Coupez en rectangles d'environ 10 cm (4 po) de longueur sur 5 cm (2 po) de largeur. Conservez au réfrigérateur dans un contenant étanche.

Les feuilles de lime proviennent d'un limettier sauvage et sont également connues sous le nom de feuilles de lime kafir. Elles sont habituellement vendues séchées ou congelées.

Pain de miso

Le pain essène est l'un de ceux que vous pouvez préparer au four si vous n'avez pas de déshydrateur. Allumez votre four à la température la plus basse et laissez le pain au four de 12 à 24 h. Il est trop cuit pour être considéré comme un aliment cru, mais c'est tout de même un excellent pain.

15 min/3 jours de germination/4 h de trempage/24 h de déshydratation
Extracteur de jus avec une plaque vierge, déshydrateur
8 portions

Ingrédients

20 g (2 c. à soupe) de graines de potiron
20 g (2 c. à soupe) de graines de tournesol
20 g (2 c. à soupe) de graines de sésame
20 g (2 c. à soupe) de graines de chanvre

½ oignon
180 g (1⅔ tasse) de blé, germé
5 ml (1 c. à thé) de miso

Faites germer le blé trois jours à l'avance. Vous avez besoin d'un extracteur de jus à engrenages (plutôt que d'une centrifugeuse) pour cette recette pour obtenir une vraie purée d'ingrédients. Trempez toutes les graines de 2 à 4 h, rincez et égouttez. Poussez les graines dans l'extracteur avec la plaque vierge en marche. Elles devraient passer facilement, car elles ont été trempées. Poussez l'oignon, puis tout le blé. Mettez le miso dans le bol et mélangez avec vos mains. Pétrissez tous les ingrédients ensemble comme une pâte en vous assurant que les graines sont mélangées de façon uniforme. Sur un plateau de déshydrateur, formez une miche d'environ 5 cm (2 po) d'épaisseur et séchez pendant 18 h. Retournez la miche et séchez pendant 6 h. Servez avec une soupe ou une salade (le pain convient à la roquette).

Si vous voulez éviter le blé, même sous sa forme germée, vous pouvez le remplacer par du kamut ou de l'épeautre. Ce sont des grains anciens très semblables au blé.

Craquelins aux tomates

Ces magnifiques craquelins piquants débordent de saveur.

5 min/8 à 12 h de trempage/18 h de séchage • Mélangeur, déshydrateur • 20 craquelins

Ingrédients

- 150 g (1 tasse) de graines de lin, trempées de 8 à 12 h dans 500 ml (2 tasses) d'eau
- 6 tomates, en quartiers
- 60 g (1 tasse) de tomates séchées (p. 186)
- Jus d'un citron
- 15 ml (1 c. à soupe) de tamari
- 4 gousses d'ail
- 15 g (3 c. à soupe) de salade de mer de l'Atlantique
- 5 g (2 c. à soupe) de flocons de dulse

Prétrempez les graines de lin. Versez tous les ingrédients, sauf les flocons de dulse, dans le mélangeur et mélangez jusqu'à ce que les graines de lin et les tomates soient amalgamées dans un magnifique mélange rose. Ajoutez les flocons de dulse en remuant à la main. Étendez le mélange sur deux plateaux de séchage et séchez pendant 12 h. Coupez chaque feuille en craquelins de 10 x 13 cm (4 x 5 po) et retournez-les. Séchez encore 6 h, jusqu'à ce que les craquelins soient croustillants. Dans un contenant étanche, ils se conserveront pendant une semaine. Il existe plus de 1000 variétés de tomates. Elles sont offertes dans un très grand éventail de tailles et de couleurs; jaune, orange, vert, mauve et brun.

Biscuits sablés

5 min/8 à 12 h de trempage/12 h de déshydratation • Mélangeur, déshydrateur • Environ 30 biscuits

Ingrédients

- 150 g (1 tasse) de noix du Brésil, trempées de 8 à 12 h
- 60 g (⅓ tasse) de graines de lin, moulues
- 15 ml (1 c. à soupe) de miso
- 5 ml (1 c. à thé) de poudre de varech
- 500 ml (2 tasses) d'eau
- 20 g (¼ tasse) de salade de mer de l'Atlantique

Prétrempez les noix du Brésil une journée à l'avance. Mettez tous les ingrédients, sauf la salade de mer, dans un mélangeur et mélangez pendant quelques minutes jusqu'à ce que le mélange ait épaissi (vous devrez peut-être ajouter de l'eau). Ajoutez la salade de mer en remuant à la main, en vous assurant qu'elle est distribuée uniformément dans le mélange. Formez des biscuits plats d'environ 5 cm (2 po) de diamètre et déshydratez pendant environ 12 h.

Les noix du Brésil constituent la source naturelle la plus riche de sélénium, un oligoélément particulièrement important pour la santé des hommes et qui est lié à la prévention du cancer de la prostate.

Biscuits « feux de circulation »

Voici un excellent moyen de faire manger plus de légumes à vos enfants. Ils aimeront jouer avec les biscuits de différentes couleurs et faire des dessins sur leur assiette. Assurez-vous qu'ils ne mangent pas tous les rouges et laissent les biscuits aux épinards.

30 min/8 à 12 h de prétrempage/18 h de déshydratation
Mélangeur, déshydrateur
40 biscuits

Ingrédients
150 g (1 tasse) de noix du Brésil
60 g (⅓ tasse) de graines de lin
Ajoutez un des légumes suivants :
    pour faire des biscuits rouges, ajoutez 3 poivrons rouges;
    pour faire des biscuits ambre, ajoutez 2 grosses carottes;
    pour faire des biscuits verts, ajoutez 250 g (8 tasses) d'épinards;
Eau pour mélanger

Prétrempez les noix du Brésil et les graines de lin dans 500 ml (2 tasses) d'eau. Mettez les noix, les graines et le légume que vous avez choisi dans le mélangeur (si vous utilisez un Vitamix, il est préférable de moudre les noix et les graines d'abord pour faciliter le mélange). Vous ne devriez pas avoir besoin d'eau pour les biscuits au poivron rouge; vous en aurez besoin d'une petite quantité pour les biscuits aux épinards et d'une plus grande quantité pour les biscuits aux carottes.

À l'aide d'une cuiller à thé, faites de petits cercles avec le mélange sur le plateau du déshydrateur — environ 4 cm (1 ½ po) de diamètre, la bonne grosseur pour en mettre trois sur une plaque en rangée verticale. Si vous voulez faire de vrais feux de circulation, vous devez faire trois recettes de biscuits — poivron pour les rouges, carottes pour les ambres et épinards pour les verts.

Déshydratez de 12 à 18 h jusqu'à ce que les biscuits soient légèrement croustillants. Chaque recette donne au moins 40 biscuits. Ils se conserveront pendant des semaines dans un contenant étanche.

Les noix du Brésil ne sont pas cultivées. Elles poussent à l'état sauvage dans la forêt tropicale humide de l'Amazone. Comme les forêts tropicales sont détruites, il y a de moins en moins de ces noix sur le marché mondial, alors que la demande augmente pour cet aliment sain. C'est pourquoi son prix a augmenté autant au cours de la dernière décennie.

Pain de seigle

Le pain de seigle a une saveur intéressante et distinctive. Pendant la germination, l'amidon se transforme en sucre, donc les pains de germes conviennent aux gens qui ont une intolérance au gluten.

10 min/4 à 8 h de trempage • Mélangeur, extracteur, déshydrateur • 4 à 6 portions

Ingrédients

330 g (3 tasses) de grains de seigle, germés
60 ml (¼ tasse) d'huile d'olive
15 ml (1 c. à soupe) de Seagreens (p. 54)
5 g (2 c. à soupe) de flocons de levure nutritionnelle
15 ml (1 c. à soupe) de tamari

Faites germer les grains de seigle pendant trois jours. Utilisez un extracteur de jus robuste. Poussez les grains avec la plaque vierge en marche. Versez le mélange dans un bol à mélanger et ajoutez le reste des ingrédients. Pétrissez avec vos mains jusqu'à ce que la pâte soit bien mélangée. Sur un plateau de déshydrateur, formez une miche d'environ 4 cm (1 ½ po) d'épaisseur. Séchez pendant 12 h puis retournez la miche et séchez de 6 à 12 h, jusqu'à ce que la miche soit croustillante. Servez le pain avec du beurre de sésame et garnissez de germes de luzerne. Merveilleux avec une salade verte, comme la simple salade (p. 117). Le seigle est l'un des grains les plus récemment cultivés. Il provient d'une culture agricole d'Allemagne vieille d'environ 2 000 ans. De nos jours, il est surtout cultivé en Russie.

Biscuits à la coriandre et à l'épeautre

L'épeautre est une ancienne forme de blé, populaire auprès des gens qui en sont intolérants. Il est très semblable et il a une délicieuse saveur de noix. Ces biscuits font une collation très saine et savoureuse.

10 min/germination/18 h de déshydratation • Mélangeur, déshydrateur • 40 biscuits

Ingrédients

250 g (2½ tasses) de grains d'épeautre, germés
60 g (⅓ tasse) de graines de lin, moulues
1 oignon
1 petit bouquet de coriandre
30 ml (2 c. à soupe) d'huile d'olive
15 ml (1 c. à soupe) de tamari
250 ml (1 tasse) d'eau

Faites germer les grains d'épeautre pendant trois jours. Moulez les graines de lin. Pelez et hachez l'oignon; hachez grossièrement la coriandre. Mettez le tout dans l'appareil et mélangez jusqu'à l'obtention d'une purée épaisse. Étendez le mélange, assez mince, sur deux plateaux de séchage. Séchez pendant 12 h. Coupez chaque feuille en carrés et retournez-les. Séchez encore 6 h. Ils se conservent deux semaines dans un contenant étanche. Bien qu'il soit cultivé depuis environ 7 000 ans, l'épeautre a perdu sa popularité probablement parce qu'il est plus dur que le blé et beaucoup plus difficile à transformer. Il a regagné du terrain récemment chez les gens qui cherchent une solution de rechange au blé.

Craquelins aux olives

Ce sont de magnifiques craquelins : sains, riches et nourrissants. La parfaite collation entre les repas ou un complément aux salades.

5 min/18 h de déshydratation • Mélangeur, déshydrateur • 30 craquelins

Ingrédients

200 g (1⅓ tasse) d'olives, dénoyautées
½ oignon, pelé et haché

330 g (3 tasses) de grains de seigle, germés
60 g (⅓ tasse) de graines de lin, moulues

Faites germer les grains de seigle pendant trois jours. Moulez les graines de lin. Mettez le tout dans le mélangeur et mélangez jusqu'à l'obtention d'une crème. Étendez le mélange en couche mince sur deux plateaux du déshydrateur et séchez pendant 12 h. Coupez en craquelins (environ 16 par feuille). Retournez les craquelins et séchez de 4 à 6 h. Ils se conservent jusqu'à deux semaines dans un contenant étanche. Les olives sont l'un des plus anciens aliments connus; elles jouent un rôle important dans la mythologie grecque et sont souvent mentionnées dans la Bible.

Craquelins au chou-fleur libanais

Ce sont des craquelins sains, délicieusement légers. Le zaatar est une saveur libanaise traditionnelle que vous pouvez trouver dans toute épicerie spécialisée. C'est un mélange de thym, de sumac et de graines de sésame.

15 min/8 à 12 h de prétrempage/18 h de déshydratation • Mélangeur, déshydrateur • Environ 40 craquelins

Ingrédients

150 g (1 tasse) de noix du Brésil
60 g (⅓ tasse) de graines de lin
1 chou-fleur de grosseur moyenne

2 citrons
10 g (2 c. à soupe) de zaatar

Trempez les noix du Brésil et les graines de lin pendant la nuit dans 500 ml (2 tasses) d'eau. Elles absorberont toute l'eau et gonfleront. Hachez grossièrement le chou-fleur (vous pouvez utiliser les feuilles pour le jus, elles sont très nutritives). Préparez le jus de citron. Mettez les noix, les graines, le chou-fleur et le jus de citron dans le mélangeur et mélangez jusqu'à l'obtention d'une crème épaisse. Ajoutez le zaatar en remuant à la main en vous assurant qu'il se rend au fond. Vous pouvez manger ce mélange tel quel. J'aime le goût et les graines de lin sont très bénéfiques lorsque vous les mangez de cette façon. Vous pouvez le manger en salade ou à la cuiller, mais si vous préparez des craquelins, étendez le mélange aussi mince que possible sur les plateaux du déshydrateur en un grand carré. Il devrait couvrir deux plateaux. Après environ 12 h, coupez en carrés. Vous devriez obtenir 20 craquelins par plateau. Déshydratez encore 6 h, jusqu'à ce qu'ils soient réellement croustillants. Ils sont tellement savoureux et goûteux que vous pouvez les manger nature – c'est une excellente collation. Vous pouvez préparer ces craquelins avec d'autres légumes. Essayez les craquelins à la courgette en remplaçant le chou-fleur par 500 g (4 tasses) de courgettes et en omettant le jus de citron.

Gâteaux d'avoine

Bien que l'avoine soit glutineuse comme le blé, elle est plus facile à digérer. Si vous achetez des flocons d'avoine crus et que vous les faites germer, l'amidon se transformera en sucre et la teneur en gluten deviendra négligeable. Toutefois, dans cette recette ils ne sont pas germés. Il est donc préférable de ne pas trop en manger. Cependant, ils offrent vraiment cette saine sensation friable des gâteaux d'avoine traditionnels. Un ou deux gâteaux tartinés de beurre de sésame ou de confiture sont excellents comme collation.

10 min
Hachoir, robot culinaire, déshydrateur
12 portions

Ingrédients
150 g (1 tasse) de flocons d'avoine, moulus en farine
30 ml (2 c. à soupe) d'huile d'olive
1,25 ml (¼ c. à thé) de sel de mer
125 ml (½ tasse) d'eau

Moulez l'avoine en farine à l'aide d'un moulin à café ou d'un mélangeur puissant. Vous pouvez mélanger les ingrédients à la main ou dans un robot culinaire. À l'aide d'une cuiller à thé, mettez le mélange sur un plateau de déshydrateur en aplatissant chaque cuillerée en rondelle d'environ 7 cm (3 po) de diamètre. Il est préférable de ne pas assécher le mélange en feuilles, car il est très friable. Les rondelles ne doivent pas être trop minces, sinon elles s'émietteront lorsque vous essaierez de les retourner. Séchez pendant 10 h puis retournez les rondelles à l'aide d'une spatule et asséchez pendant 2 h.

L'avoine est une denrée de consommation courante en Écosse, alors qu'en Angleterre, jusqu'à récemment, elle ne servait qu'à nourrir les animaux. Selon un dicton anglais, l'avoine ne convient qu'aux chevaux et aux Écossais; selon les Écossais, l'Angleterre a les meilleurs chevaux alors que l'Écosse a les meilleurs hommes.

Les suppléments

Encore plus de raisons de se procurer un déshydrateur. Aucune de ces recettes n'est essentielle, mais j'en garde une certaine quantité pour égayer les salades et leur donner un peu de croquant. Ce sont d'excellentes collations. Une poignée ou deux et vous serez rassasiée entre les repas. Ces suppléments sont nourrissants et vous donneront un regain d'énergie. Ils sont faciles et rapides à faire et il vaut la peine de les essayer. Ce sont de petites touches comme celles-ci qui vous aident à maintenir votre régime cru en ajoutant un peu de variété et en évitant la routine avec vos aliments.

Certaines personnes feront une quantité qu'elles conserveront au garde-manger pendant un mois en les utilisant de temps à autre, par exemple comme garniture de salade. D'autres consommeront toute la recette telle quelle en une fois ou deux.

Bouchées au brocoli

Le brocoli est l'un de mes aliments préférés. Il regorge de nutriments. C'est pratiquement un superaliment en soi. Lorsque j'allaitais Zachary, je n'arrêtais pas d'en manger; je buvais un demi-litre de jus de brocoli chaque jour. J'ai donc pensé à l'essayer séché et voir ce que je pourrais en faire. Eh bien ! J'ai frappé le gros lot. Ces petites bouchées sont tellement savoureuses, et ce qu'il y a de mieux, c'est que mes fils en mangent en quantités. Si vous avez un enfant capricieux quand il s'agit de légumes verts, voici un merveilleux moyen de lui faire manger cet aliment nutritif.

10 min/12 h de déshydratation • Mélangeur, déshydrateur

Ingrédients
2 kg (4 lb) de brocoli
1 oignon, pelé et haché
Jus de 4 citrons
125 ml (½ tasse) d'huile d'olive

Déposez le brocoli, l'oignon, le jus de citron et l'huile d'olive dans le mélangeur et mélangez jusqu'à l'obtention d'une purée. Vous pouvez ajouter plus d'huile d'olive au besoin ou si vous désirez des bouchées plus riches. Étendez le mélange sur un plateau de déshydrateur et séchez pendant 12 h. Une fois prêt, brisez des morceaux directement du plateau. Les morceaux doivent être conservés dans un contenant étanche. Vous pouvez les manger tels quels comme collation, comme des craquants ou les saupoudrer sur des salades. Le jus de citron leur donne un goût merveilleusement piquant.

Collation de Zachary

Rien n'est plus simple et vous obtenez un merveilleux amuse-gueule. J'ai indiqué les quantités de base. Vous pouvez les multiplier pour nourrir une famille ou même pour une réception. Elle est excellente pour les boîtes à lunch à l'école pour remplacer les craquants.

2 min • Une portion

Ingrédients
6 g (1 c. à soupe) de bouchées au brocoli
10 g (1 c. à soupe) de graines de tournesol et de potiron
2 g (1 c. à soupe) de flocons de dulse
10 g (1 c. à soupe) de lentilles ou de germes d'ambérique

Émiettez les bouchées au brocoli de la taille des graines. Il est toujours préférable de tremper les graines d'abord pour activer les enzymes. Si vous voulez leur conserver leur aspect croustillant, trempez-les puis déshydratez-les un peu. Mélangez tous les ingrédients et grignoter la collation la plus nutritive qu'il puisse exister. Cette collation ne se conserve pas vraiment, car elle devient molle. Il est préférable de préparer la quantité dont vous avez besoin et de la manger tout de suite. Cette recette est excellente avec les graines « Sunseeds » de Raw Living, un mélange de graines de tournesol et de potiron déjà germées, marinées dans le tamari et déshydratées.

Croquant au cari

Comme la recette de la page 188, celle-ci peut remplacer le mélange de Bombay. Ce croquant est délicieux; vous pouvez en manger une poignée ou deux comme collation.

5 min/12 h de déshydratation • Déshydrateur • Environ 500 g (1 lb) de croquant

Ingrédients

300 g (3 tasses) de graines de sarrasin, germées
10 g (2 c. à soupe) de poudre de cari

30 ml (2 c. à soupe) d'huile de sésame

Faites germer le sarrasin pendant environ deux jours de façon à ce qu'il ait une petite queue. Dans un bol, mélangez les germes avec la poudre de cari et l'huile de sésame de façon à ce que les germes soient bien enrobés. Étendez le mélange sur les plateaux du déshydrateur et séchez pendant 12 h. Dans un contenant étanche, ce croquant se conservera pendant quelques semaines. Le sarrasin déshydraté donne une excellente farine pour les pâtisseries et les gâteaux crus : vous n'avez qu'à le faire germer, le déshydrater, le moudre et l'utiliser plutôt que de l'avoine ou des noix dans toute recette.

Cornichons rapides

Des cornichons tricheurs ! J'ai quelquefois essayé de préparer de la choucroute, mais ça ne fonctionne toujours pas. Il existe quelques bonnes choucroutes crues sur le marché (comme Biona et Bionova), donc il semble inutile de m'en faire et de persister. Pourtant, ces cornichons sont tellement faciles et étonnamment bons.

5 min

Ingrédients

½ concombre
250 ml (1 tasse) de vinaigre de cidre de pomme

Ou

2 oignons
250 ml (1 tasse) de vinaigre de cidre de pomme

Hachez le concombre ou les oignons en petits morceaux et mettez-les dans un pot de vinaigre. Mettez le pot au réfrigérateur et mangez le jour suivant (se conservent quelques semaines). C'est aussi simple que ça ! J'utilise le vinaigre qu'il me reste lorsque j'ai fini de préparer un pot de cornichons (Biona utilise du vinaigre de cidre de pomme biologique). Vous pouvez généralement utiliser le vinaigre deux fois avant de le jeter.

Craquants de patate douce

J'ai essayé tous les légumes possibles pour faire des craquants — betterave, panais, carotte et d'autres encore. Le truc est de les trancher aussi finement que vous le pouvez. Vous avez besoin d'un appareil avec une lame vraiment très fine. Même avec cet instrument, la plupart des légumes auront une texture de bois et ne seront pas tellement croustillants. Ce n'est pas fameux. Les seuls deux légumes qui fonctionnent bien sont la patate douce et la courgette. Vous pouvez utiliser n'importe quelle sorte d'épice comme accompagnement. Seasoned Pioneers en offre une vaste gamme qui fait de ces craquants d'authentiques plats de gourmet.

5 min/12 h de déshydratation
Trancheuse fine

Ingrédients
1 grosse patate douce
15 ml (1 c. à soupe) d'huile d'olive
5 g (1 c. à soupe) de poudre de cari

Habituellement, je ne prends pas la peine de peler la patate. Je la lave tout simplement. Tranchez la patate à l'aide d'une mandoline ou d'une lame fine dans votre robot culinaire puis mettez-la dans un bol. Ajoutez l'huile et la poudre et mélangez de façon à ce que les morceaux de patate soient bien enrobés et ne collent pas ensemble. N'utilisez pas trop d'huile, car ils perdront leur croustillant. Étendre le mélange uniformément sur les plateaux du déshydrateur (peu importe s'ils se chevauchent un peu). Prenez simplement garde de ne pas les disposer en monceaux. Séchez pendant 12 h puis conservez dans un contenant étanche. Ils conserveront leur croustillant un jour ou deux, c'est pourquoi je n'en prépare pas une trop grande quantité à la fois. Vous devez les manger tout de suite.

Oubliez les emballages extravagants de craquants aux légumes-racines frits qui coûtent une fortune — ceux-ci ont tout aussi bon goût et ne coûtent que quelques sous.

Croustilles de plantain

Les bananes plantains sont consommées dans de nombreuses régions de l'Afrique et de l'Asie. Il est très facile de s'en procurer à bon prix dans les marchés. Le plantain vert est généralement utilisé dans les plats salés; le plantain jaune est mûr et ressemble davantage aux bananes. Le plantain vert est préférable pour les croustilles, car il est plus ferme et plus croquant.

10 min/12 h de déshydratation
Robot culinaire, déshydrateur
4 portions

Ingrédients
3 plantains
30 ml (2 c. à soupe) d'huile d'olive

Coupez le plantain en tranches fines dans un robot culinaire ou une trancheuse à salade et mettez les tranches dans un bol. Enduisez-les d'huile – ajoutez un peu d'assaisonnement au chili si vous aimez le piquant. Disposez les tranches sur deux plateaux de séchage, en les séparant le plus possible. Séchez pendant 12 h. Conservez les croustilles dans un contenant étanche et mangez-les le plus rapidement possible. Elles se conservent un certain temps, mais elles ramollissent et perdent leur croustillant.

Traidcraft offre de merveilleuses croustilles de plantain. Elles ne sont pas crues, mais elles sont frites dans l'huile de noix de coco. C'est donc un choix beaucoup plus sain que les croustilles de pommes de terre.

Craquants de dulse

Vous aurez de la difficulté à trouver un aliment plus nutritif que la dulse. Clearspring, le plus gros détaillant d'aliments japonais au Royaume-Uni, recommande de la frire pour obtenir une magnifique collation. De toute évidence, ce n'est pas ce que nous préconisons. Voici donc une recette de craquants crus. Étonnamment, ils sont savoureux et vous n'avez pas à vous sentir coupable, comme avec la dulse frite.

5 min/12 h de déshydratation • Déshydrateur • 4 portions

Ingrédients

1 emballage de dulse   15 ml (1 c. à soupe) d'huile d'olive

Rincez la dulse, séparez ses brins et mettez-la dans un bol. Enduisez-la légèrement d'huile d'olive. Étendez la dulse sur les plateaux du déshydrateur et séchez pendant 12 h. Vous n'avez pas besoin de sel, car les légumes de mer sont naturellement salés. Vous pouvez aussi essayer cette recette avec du wakamé, bien qu'il soit nécessaire de le tremper environ 10 min d'abord. Il est préférable de manger les craquants tout de suite, mais vous pouvez les conserver quelques jours dans un contenant étanche. Les légumes de mer constituent un élément important non seulement de la cuisine chinoise, mais de la cuisine de la plupart des pays où les régions côtières sont étendues, comme l'Irlande, l'Islande, la France, l'Australie et Hawaï.

Tomates séchées

Les gens me demandent souvent s'il est possible de préparer des tomates séchées au soleil avec un déshydrateur et je n'arrivais pas à trouver un moyen de le faire. Si vous les tranchez dans un robot culinaire, vous perdez une grande quantité de jus et de graines et les tomates seront trop minces et caoutchouteuses. Si vous les coupez en deux, comme celles qu'on achète sur le marché, leur préparation demande un temps fou et elles ne sécheront jamais complètement. J'ai mis beaucoup de temps à découvrir que vous n'avez qu'à les couper en tranches épaisses pour obtenir l'effet de viande que vous obteniez avec les tomates séchées au soleil.

10 min/24 h de séchage • Déshydrateur • 4 portions

Ingrédients

16 tomates

Coupez chaque tomate en tranches de 1 à 2,5 cm (½ à 1 po) d'épaisseur. J'obtiens généralement environ 4 tranches pour chaque tomate. Vous pouvez utiliser des tomates Cœur de bœuf et obtenir plus de tranches ou des tomates cerises que vous n'aurez qu'à couper en deux. Disposez les tranches sur les plateaux du déshydrateur; vous devriez avoir environ 8 tomates par plateau. Sécher pendant 24 h. Certaines tranches plus grosses ou celles qui sont aux extrémités peuvent demander un peu plus de temps. Mettez les tomates dans un contenant étanche et mangez-les dans les deux jours qui suivent. Si vous aimez l'effet huileux que vous obtenez des tomates en pot du marché, vous pouvez conserver vos tomates maison dans des pots d'huile d'olive avec quelques feuilles de basilic et deux gousses d'ail. Laissez mariner pendant au moins une journée et servez-les dans les salades.

Croquant à la carotte

Auparavant, je gardais sous la main un mélange de Bombay dans le garde-manger pour ajouter un peu de croquant aux salades. C'est l'un des derniers aliments cuits qui a disparu dans notre régime. J'utilise maintenant cette recette.

5 min/12 h de déshydratation
Râpe, déshydrateur

Ingrédients
500 g (1 lb) de carottes
45 ml (3 c. à soupe) d'huile d'olive
15 g (3 c. à soupe) de garam massala
25 g (3 c. à soupe) de graines de pavot
20 g (2 c. à soupe) de graines de sésame

Enlevez les parties inférieure et supérieure des carottes et râpez-les finement. Dans un bol, mélangez tous les ingrédients de façon à ce que les graines enduisent les carottes. Prenez garde de ne pas utiliser trop d'huile, car elles ne seront pas croustillantes. Étendre le mélange sur les plateaux du déshydrateur (il devrait couvrir deux plateaux) et séchez pendant 12 h. Conservez dans un contenant étanche.

Les carottes sont reconnues comme l'une des meilleures sources alimentaires de vitamine A; 100 g (3 oz) de carottes contiennent environ six fois l'apport quotidien recommandé de cette vitamine importante.

Céréales

Pendant longtemps nous avons mangé des fruits pour déjeuner, soit un pouding ou une boisson fouettée. Toutefois, à mesure que notre organisme se détoxifiait, nous remarquions de plus en plus l'effet du sucre tôt le matin sur notre organisme et nous avons commencé à chercher une autre option. Cette recette (gruau cru) est ce que les garçons prennent comme déjeuner la plupart du temps.

5 min/4 à 8 h de trempage
Déshydrateur
2 portions

Ingrédients
30 g (¼ tasse) de raisins
30 g (¼ tasse) de graines de tournesol ou de potiron
120 g (1 tasse) de bouchées de sarrasin (voir ci-dessous)
5 ml (1 c. à thé) de sirop d'agave
15 ml (1 c. à soupe) d'huile de lin
5 ml (1 c. à thé) de granules de lécithine

Trempez les raisins et les graines pendant au moins quatre heures. Je les mets à tremper juste avant d'aller au lit. Égouttez le mélange et mettez-le dans un bol à mélanger avec tous les autres ingrédients. Remuez bien le tout pour que le sirop et l'huile enrobent bien les céréales. Divisez en deux bols et servez.

Variantes
- Vous pouvez remplacer les ingrédients par pratiquement n'importe quel fruit séché, noix ou graines que vous aimez.
- Vous pouvez remplacer l'huile par du beurre de sésame ou du beurre de noix.
- Vous pouvez ajouter 15 ml (1 c. à soupe) de poudre de caroube pour des céréales à la caroube.

Pour les occasions spéciales, vous pouvez ajouter 30 ml (2 c. à soupe) de copeaux de fèves de cacao et 30 ml (2 c. à soupe) de baies du lyciet pour obtenir un superaliment.

Pour faire les bouchées de sarrasin, faites germer un peu de gruau de sarrasin pendant environ trois jours et asséchez-le dans le déshydrateur pendant 12 h; 300 g (3 tasses) de sarrasin non trempé donneront environ 450 g (15 oz) de bouchées croquantes (ou six portions de céréales). Elles se conservent environ deux mois dans un contenant étanche.

Craquants au nori

Dans *Certains l'aiment cru*, je propose une recette de craquants aux tomates, l'une des denrées de ma cuisine. Toutefois, les tomates sont très acides et je ne voulais pas que les garçons en mangent trop. J'ai donc imaginé cette recette. Les concombres sont très alcalins et nettoyants.

5 min/18 h de séchage
Mélangeur, déshydrateur

Ingrédients
500 g (1 lb) de tomates
500 g (1 lb) de concombres
5 g (2 c. à soupe) de flocons de nori

Mélangez les tomates et les concombres jusqu'à l'obtention d'un liquide. Ajoutez les flocons de nori et mélangez brièvement à haute vitesse afin qu'ils soient répartis uniformément dans le mélange. Étendez le mélange sur les plateaux du déshydrateur (donne environ quatre plateaux). Séchez pendant 18 h. Brisez les feuilles en morceaux de la grosseur désirée. Ils se conservent jusqu'à un mois dans un contenant étanche. Vous pouvez utiliser seulement des concombres, mais les craquants ne sont pas aussi savoureux et les feuilles auront l'épaisseur du papier, car le concombre est très liquide.

Craquants de courgette

Ce sont mes préférés. Ils sont légers et savoureux; nous en prenons souvent une poignée chacun avec le thé.

5 min/12 h de déshydratation
Trancheuse fine, déshydrateur

Ingrédients
500 g (1 lb) de courgettes
15 ml (1 c. à soupe) d'huile de sésame
10 g (2 c. à soupe) de cinq épices chinoises

Enlevez les parties inférieure et supérieure des courgettes. À l'aide d'une mandoline ou de la plaque de tranche fine de votre robot culinaire, tranchez les courgettes et mettez-les dans un bol à mélanger. Enduisez les morceaux de façon uniforme avec l'huile et les épices. Étendez le mélange sur les plateaux du déshydrateur et séchez pendant 12 h. Les craquants se conservent une journée ou deux dans un contenant étanche. Ils sont parfaits avec un guacamole ou le chutney à la coriandre.

Les poudings

Tout le monde connaît le dicton « on ne peut pas avoir le beurre et l'argent du beurre ». Eh bien ! Avec les aliments crus, c'est tout le contraire. Je suis ici pour vous parler de la révolution du pouding ! Les desserts crus ont un goût merveilleux. Ils peuvent être aussi gras et sucrés que votre cœur le désire. Toutefois, comme nous utilisons les graisses saines que l'organisme aime et des édulcorants nutritifs qui ne déstabilisent pas la glycémie, vous pouvez en manger autant que vous le désirez. En fait, certains poudings sont tellement bons que vous en mangerez pour déjeuner, pour dîner et pour souper et vous aurez un regain d'énergie ! J'ai une passion pour les poudings. J'éprouve une grande joie à les servir à mes invités en toute occasion.

Pouding du déjeuner

Un déjeuner léger, mais nourrissant pour commencer la journée. L'huile de lin et la lécithine apportent au pouding un aspect crémeux et une précieuse source de nutrition. La lécithine aide à l'absorption des graisses. Vous obtenez donc le meilleur des acides gras essentiels indispensables dans l'huile de lin.

5 min/8 à 12 h de prétrempage
Mélangeur
2 portions

Ingrédients

2 pommes
1 banane
60 g (⅓ tasse) de graines de sésame, trempées de 8 à 12 h

30 g (¼ tasse) de raisins, trempés de 8 à 12 h
15 ml (1 c. à soupe) d'huile de lin
2 g (1 c. à soupe) de granules de lécithine

Trempez les graines de sésame et les raisins pendant la nuit. Préparez les pommes et la banane pour le mélangeur en enlevant la pelure, les queues, les pépins, etc. Mettez tous les ingrédients dans le mélangeur et mélangez à haute vitesse pour obtenir une purée lisse. Il est préférable de manger le pouding le même jour. Si vous avez des restes, vous pouvez étendre le mélange sur un plateau du déshydrateur et le sécher jusqu'à ce qu'il prenne la forme d'une collation molle.

Crème glacée au halva

Nous aimons le halva. Nous étions des mordus du halva végétalien fait de jus de raisins, mais il n'est pas cru et une trop grande quantité de ces graines de sésame cuites n'est pas saine et engorgera le système digestif. Par contre, vous n'avez pas besoin de culpabiliser avec cette crème glacée !

5 min/8 à 12 h de trempage/20 min de congélation
Sorbetière, mélangeur
4 portions

Ingrédients
400 g (2⅓ tasses) de graines de sésame, trempées de 8 à 12 h
120 g (⅔ tasse) de dattes fraîches, dénoyautées
500 ml (2 tasses) d'eau
1 gousse de vanille
120 g (¾ tasse) de raisins

Trempez les graines de sésame à l'avance. Mélangez les graines de sésame, les dattes, l'eau et la vanille jusqu'à l'obtention d'une crème épaisse, de façon à ce qu'il ne reste aucun morceau de graines ou de fragment de gousse dans le mélange. Ajoutez les raisins en remuant à la main. Versez le mélange dans la sorbetière et suivez les instructions du fabricant. En 20 minutes vous devriez obtenir une céleste crème glacée crue.

Mélange mince-meat de noix de macadamia et de baies du lyciet

C'est une idée de Jamie Oliver. Le mélange d'Eton comprend traditionnellement des fraises, de la crème et des meringues. Il l'a modifié pour en faire une version de Noël avec du mince-meat. C'est ma version crue avec du mince-meat, de la crème et des clémentines. C'est plus ou moins la même recette de mince-meat de *Certains l'aiment cru*, mais avec des baies du lyciet, et la recette pour la crème de noix de cajou faite avec des noix de macadamia.

1 h • Robot culinaire, mélangeur • 8 portions

Ingrédients
Mince-meat
1 orange
1 citron
360 g (3 tasses) de pomme râpée
120 g (¾ tasse) de raisins Lexia
120 g (¾ tasse) de mélange de fruits de vigne
120 g (¾ tasse) de baies du lyciet
60 g (⅓ tasse) de dattes, hachées

5 g (1 c. à soupe) de cannelle moulue
5 ml (1 c. à thé) de gingembre moulu
Une pincée de muscade moulue
Une pincée de clou de girofle moulu
30 ml (2 c. à soupe) d'huile d'olive
15 ml (1 c. à soupe) de sirop d'agave
15 ml (1 c. à soupe) de mélasse
5 ml (1 c. à thé) de miso

Préparez le jus de citron et d'orange et râpez l'écorce. À l'aide d'une cuiller de bois, combinez tous les ingrédients dans un grand bol de façon à obtenir un mélange uniforme. Si vous ne voulez pas utiliser de baies du lyciet ou si vous ne pouvez vous en procurer, vous pouvez les omettre et doubler la quantité de fruits de vigne.

Ingrédients
Crème de noix de macadamia
330 g (3 tasses) de noix de macadamia
120 g (⅔ tasse) de dattes
1 gousse de vanille

30 ml (2 c. à soupe) d'huile d'olive
500 ml (2 tasses) d'eau

Mettez le tout dans le mélangeur et mélangez à haute vitesse jusqu'à l'obtention d'une crème épaisse.

Ingrédients
4 clémentines

15 g (1 c. à soupe) de baies du lyciet

Pelez et séparez les segments; enlevez la peau blanche.

Pour assembler le mélange
Dans un grand plat de verre, étendez la moitié du mélange de mince-meat. Couvrez d'une couche de crème et répartissez les segments de clémentines. Étendez le reste du mince-meat. Garnissez de crème. (Vous n'avez pas besoin d'utiliser toute la crème, elle est très riche. Il est possible qu'il vous reste quelques cuillerées que vous pouvez réfrigérer pour un autre jour ou déshydrater comme collation sucrée.) Terminez avec les segments de clémentines en les disposant artistiquement. Saupoudrez le reste des baies pour décorer.

Pouding à la noix de coco et à la caroube

Ce n'est qu'une impression, mais je crois que vous pourriez probablement vivre de ce pouding. Il est tellement nutritif. Les graines de chanvre sont l'un de mes aliments préférés; elles contiennent presque tout ce dont l'organisme a besoin pour vivre. Les graines entières de chanvre n'ont pas été transformées et elles sont donc une meilleure source de nutrition, mais les enveloppes des graines ont un goût assez prononcé et une texture croquante que certaines personnes trouvent immangeables. Pour cette raison, les graines nues sont très populaires, car elles ont un magnifique goût crémeux. Vous pouvez utiliser ce que vous préférez dans cette recette.

15 min/4 à 8 h de trempage • Mélangeur • 4 portions

Ingrédients
4 bananes
120 g (⅔ tasse) de dattes fraîches, dénoyautées
60 g (½ tasse) de poudre de caroube
Jus de 2 citrons
250 ml (1 tasse) d'eau
60 g (⅓ tasse) de graines de chanvre, trempées de 4 à 8 h
1 noix de coco fraîche

Mettez les bananes, les dattes, la poudre de caroube, le jus de citron et l'eau dans le mélangeur et mélangez jusqu'à l'obtention d'un liquide. Ajoutez les graines de chanvre et les morceaux de noix de coco et mélangez quelques minutes, jusqu'à l'obtention d'une crème. Si vous ne disposez pas d'un mélangeur puissant, vous devrez peut-être râper la noix de coco d'abord dans le robot culinaire pour faciliter le travail du mélangeur. Servez dans les 24 h et conservez au réfrigérateur; la noix de coco se conserve mal.

Pommes de Pâques

C'est ma recette crue la plus proche des œufs à la crème. Comment mangerez-vous les vôtres ?

30 min/4 à 8 h de trempage • Mélangeur • 4 portions

Ingrédients
120 g (¾ tasse) de graines de sésame, trempées de 4 à 8 h
4 petites pommes, p. ex. pommes Cox
2 bananes
120 g (⅔ tasse) de dattes fraîches
60 g (½ tasse) de poudre de caroube
5 g (1 c. à soupe) de grains de café
1 gousse de vanille

Trempez les graines de sésame à l'avance. Enlevez la partie supérieure des pommes et le cœur. Videz-les comme s'il s'agissait de citrouilles à l'Halloween. Vous faites des coquilles de pomme, prêtes à remplir du mélange à la caroube. Idéalement, il doit y avoir 1 cm (½ po) de chair de pomme de contour. Réservez la chair des pommes pour une autre utilisation. Mettez tous les ingrédients, sauf les pommes, dans le mélangeur et mélangez jusqu'à l'obtention d'une purée. Remplissez chaque pomme du mélange et remettez la partie supérieure des pommes. Servez immédiatement.

Variante
Si vous avez des copeaux de chocolat, vous pouvez en ajouter 50 g (¼ tasse) et omettre les grains de café.

Pouding imbattable

Les abricots et les baies du lyciet sont d'excellentes sources de bêta-carotène (vitamine A). C'est un très beau pouding d'été, léger et d'une belle couleur.

5 min/12 h de congélation/1 h de prétrempage
Mélangeur
2 portions

Ingrédients
2 bananes, congelées pendant 12 h
60 g (½ tasse) de baies du lyciet, trempées pendant 1 h
8 abricots frais

Pelez les bananes, brisez-les en petits morceaux et mettez-les dans un sac ou un petit berlingot au congélateur pendant au moins 12 h. Il n'est pas indispensable d'utiliser des bananes congelées, mais vous obtiendrez un pouding beaucoup plus épais avec ces bananes. Trempez les baies du lyciet pendant environ une heure puis égouttez-les (buvez l'eau de trempage, elle est merveilleuse). Enlevez les noyaux des abricots et mettez leur chair dans le mélangeur avec les baies du lyciet et les bananes. Mélangez jusqu'à ce qu'il n'y ait plus de morceaux de banane visibles dans le mélange. Servez le pouding immédiatement. Un seul abricot contient environ 20 % de l'apport quotidien recommandé de vitamine A, donc ce pouding devrait satisfaire facilement votre apport quotidien.

Kebabs de fruits

Les enfants ont beaucoup de plaisir à les faire et à les manger, bien qu'il soit nécessaire de les superviser. Les plus jeunes enfants se contenteront de bâtonnets à cocktail; si vous préparez les kebabs pour des enfants plus âgés (ou des adultes), les brochettes de barbecue sont préférables. Servez avec une sauce au chocolat ou une crème aux noix pour y tremper les fruits comme dans une fondue.

Choix de fruits frais fermes, p. ex. pomme, poire, mangue, ananas, raisin.
Choix de fruits séchés, p. ex. raisins Lexia, dattes, abricots.

Je n'ai pas indiqué de quantités, car tout dépend de vos goûts et de votre imagination. Rassemblez un choix de vos fruits frais et de vos fruits séchés préférés; trois fruits frais différents et trois fruits séchés devraient aller. Préparez les fruits de façon à obtenir des dés à peu près de la taille d'un raisin, prêts à enfiler sur la brochette ou le bâtonnet à cocktail. Vous pouvez garder les raisins entiers. Les raisins Lexia sont très gros; vous pouvez aussi les garder entiers. Les dattes ou les abricots doivent être coupés en deux. Lorsque vos fruits sont prêts, vous pouvez appeler les enfants et leur demander de vous aider. Ils aiment beaucoup choisir eux-mêmes ce qu'ils enfilent sur chaque bâtonnet. Il est préférable d'avoir beaucoup plus de fruits frais que de fruits séchés pour éviter une surcharge de sucre. Disposez les bâtonnets sur une assiette ou un plat de service. Pour les réceptions, coupez un melon Galia en deux et enfoncez les kebabs dans la chair pour faire un hérisson.

Bombe glacée de Noël

C'est une adaptation d'une fiche de recette Waitrose. J'ai toujours aimé la combinaison du mince-meat et de la crème glacée. Ce plat me semble un parfait mariage. Il est très facile à faire et se conserve longtemps au congélateur.

40 min/24 h de congélation/90 min de décongélation
Robot culinaire, mélangeur
12 portions

Ingrédients
Recette de mince-meat
8 bananes

Préparez la recette de mince-meat. Pelez, hachez et passez les bananes au mélangeur jusqu'à l'obtention d'un liquide sans grumeau. Ajoutez les bananes au mince-meat en remuant. Garnissez un moule à entremets ou un grand bol de verre de pellicule plastique (vous pourriez avoir besoin de deux feuilles, une de chaque côté). Remplissez le bol du mélange de bananes et de mince-meat et congelez pendant 24 h. Retirez du congélateur 90 minutes avant de servir. Après une heure à la température ambiante, la bombe devrait être assez décongelée pour être démoulée. Enlevez la pellicule plastique et laissez ramollir 20 à 30 minutes. S'il y a des restes, tranchez-les, enveloppez-les individuellement et conservez-les au congélateur. Vous n'aurez besoin que de 20 à 30 minutes pour les décongeler.

Pouding au chocolat meilleur que jamais

C'est probablement l'un des desserts crus les plus populaires. Si vous commencez votre régime crudiste, vous serez étonnée de voir comment l'avocat constitue la base de l'un des plus succulents poudings crus du monde. Si vous êtes une crudiste chevronnée, vous avez probablement déjà mangé du pouding au chocolat à maintes reprises. C'est ma friandise sucrée préférée et elle est tellement facile à préparer. Prête en quelques minutes, sans prétrempage ou déshydratation.

5 min
Mélangeur
2 portions

Ingrédients
30 g (¼ tasse) de copeaux de fèves de cacao, moulus
1 gros avocat
1 banane
1 datte Medjool
15 ml (1 c. à soupe) de nectar d'agave
15 ml (1 c. à soupe) d'huile de chanvre
30 g (¼ tasse) de poudre de caroube

Moulez le cacao dans un moulin à café ou un mélangeur puissant. Coupez l'avocat en deux, enlevez le noyau, prélevez la chair à l'aide d'une cuiller et mettez-la directement dans le mélangeur. Pelez la banane, brisez-la en morceaux et mettez-les dans le mélangeur. Dénoyautez la datte et mettez-la dans le mélangeur. Ajoutez le reste des ingrédients. Si vous n'avez pas de cacao, vous pouvez doubler la quantité de poudre de caroube; vous n'obtiendrez pas le même goût chocolaté, mais la saveur sera presque aussi divine. Mettez le mélangeur en marche et commencez à mélanger à vitesse rapide. Si votre mélangeur a de la difficulté, ajoutez un peu d'eau jusqu'à ce qu'il fonctionne. Maintenez le mélangeur en marche pendant une minute pour vous assurer d'obtenir un mélange lisse et crémeux. À l'aide d'une cuiller, déposez le mélange dans des bols de service; décorez avec des copeaux de caroube ou des baies du lyciet si vous en avez envie. Vous pouvez également ajouter 5 g (1 c. à soupe) de poudre de maca pour un pouding d'amoureux.

La fève du cacao crue suscite une révolution dans le monde des aliments crus et au-delà. Toute personne aime le chocolat, qui l'aime en retour !

Magnifique pouding aux baies du lyciet

Génial ! Ce pouding orange vif vous redonnera certainement un regain d'énergie. Les baies du lyciet sont un superaliment, c'est le fruit qui contient le plus d'éléments nutritifs de la planète.

10 min/2 h de trempage • Mélangeur • 2 portions

Ingrédients

60 g (½ tasse) de baies du lyciet, trempées pendant 2 h
1 avocat
1 banane

1 datte Medjool, dénoyautée
15 ml (1 c. à soupe) de nectar d'agave

Trempez les baies du lyciet dans juste assez d'eau pour les couvrir. Une fois les baies gonflées, buvez l'eau de trempage. Elle est délicieuse. Coupez l'avocat en deux, enlevez le noyau et à l'aide d'une cuiller, enlevez la chair et mettez-la dans le mélangeur. Ajoutez les baies dans le mélangeur, de même que la banane pelée et coupée en morceaux, la datte et le nectar d'agave. Mélangez jusqu'à l'obtention d'une crème. Si votre mélangeur n'est pas assez puissant, ajoutez un peu d'eau pour qu'il continue à fonctionner. Il est préférable de manger le pouding le jour même.

Les baies du lyciet étaient les champions de la santé en 2006 en Grande-Bretagne. Soudain, on en trouvait partout : dans les müeslis, les mélanges campagnards et les barres collation. Elles sont très courantes dans la cuisine chinoise depuis des milliers d'années. Elles ont également des propriétés médicinales.

Crème caramel

Ce riche dessert qui colle aux dents s'allie brillamment aux baies du lyciet fraîches l'été ou aux pommes et aux poires tranchées à l'automne.

5 min/8 à 12 h de trempage • Mélangeur • 4 portions

Ingrédients

200 g (1⅓ tasse) de noix de cajou, trempées de 8 à 12 h
60 g (½ tasse) de poudre de caroube
60 ml (¼ tasse) d'huile d'olive

30 ml (2 c. à soupe) de nectar d'agave
250 ml (1 tasse) d'eau

Trempez vos noix de cajou à l'avance. Mettez tous les ingrédients dans le mélangeur et mélangez jusqu'à l'obtention d'une purée lisse. La crème se conserve environ quatre jours au réfrigérateur.

Plutôt que des noix de cajou, vous pouvez utiliser des graines de chanvre nues, des noix de macadamia ou des pignons si vous préférez.

Crème glacée au chanvre

Vous avez besoin d'une sorbetière pour ces recettes de crème glacée, mais l'investissement en vaut la peine pour obtenir une grande variété de crèmes glacées crues. Essayez-les une fois et vous serez conquise. Nous en mangeons toutes les semaines pendant l'été. J'ai un appareil Magimix. Il est rapide et tellement facile à utiliser.

5 min/8 à 12 h de trempage/20 min de congélation • Sorbetière, mélangeur • 4 portions

Ingrédients
250 g (1½ tasse) de graines entières de chanvre, trempées de 8 à 12 h
500 ml (2 tasses) d'eau
120 g (⅔ tasse) de dattes fraîches
60 ml (¼ tasse) d'huile d'olive

Prétrempez les graines de chanvre. Mélangez le tout jusqu'à l'obtention d'une crème. Versez le mélange dans une sorbetière et suivez les instructions du fabricant. Vous devriez obtenir des résultats fantastiques en moins d'une demi-heure.

Variante
Remplacez les graines de chanvre par des graines de potiron pour obtenir une crème glacée verte.

Crème glacée à la caroube

Si vous pouvez vous procurer de la poudre de lucuma, substituez-la à la caroube dans cette recette. La lucuma est un fruit péruvien qui a une superbe saveur de biscuit. C'est le choix de saveur le plus populaire au Pérou pour la crème glacée.

5 min/8 à 12 h de trempage/environ 20 min de congélation • Sorbetière, mélangeur • 6 portions

Ingrédients
250 g (1½ tasse) de graines de tournesol, trempées de 8 à 12 h
60 ml (¼ tasse) d'huile d'olive
90 g (¾ tasse) de poudre de caroube
120 g (⅔ tasse) de dattes fraîches, dénoyautées
750 ml (3 tasses) d'eau
5 g (1 c. à soupe) de cannelle

Trempez les graines de tournesol à l'avance. Mélangez le tout ensemble pendant quelques minutes jusqu'à l'obtention d'une crème coulante. Versez le mélange dans la sorbetière et suivez les instructions du fabricant. Servez avec des fraises pendant les chaudes journées d'été. Le plus haut tournesol jamais vu mesurait 12 m (40 pi). Les tournesols sont héliotropiques, c'est-à-dire qu'à mesure que le soleil se déplace dans le ciel pendant la journée, la fleur suit son mouvement d'est en ouest pour lui faire face.

Bagatelle

Un incontournable pour Noël. Cette bagatelle est basée sur quatre différentes recettes provenant toutes de *Certains l'aiment cru* regroupées en un seul dessert de fête.
1 h/8 à 12 h de trempage • Mélangeur • 8 portions

Ingrédients

Première couche : fruits dans une gelée de banane
2 kiwis
250 g (2 tasses) de raisins sans pépins
2 satsumas
1 citron
2 bananes
7,5 ml (½ c. à soupe) de poudre de psyllium

Deuxième couche : pouding aux pommes
500 g (1 lb) de pommes
120 g (¾ tasse) de raisins, trempés de 4 à 8 h
5 ml (1 c. à thé) de cannelle

Troisième couche : pouding à la caroube
1 avocat
1 banane
60 g (⅓ tasse) de dattes fraîches, dénoyautées
6 g (1 c. à soupe) de poudre de caroube

Quatrième couche : crème de noix de cajou
120 g (¾ tasse) de noix de cajou, trempées de 8 à 12 h
15 ml (1 c. à soupe) d'huile d'olive
30 ml (2 c. à soupe) de nectar d'agave
1 gousse de vanille
60 ml (¼ tasse) d'eau

Cinquième couche : garniture
3 morceaux de mangue séchée
3 morceaux d'ananas séché
6 g (1 c. à soupe) de baies du lyciet
7 g (1 c. à soupe) de copeaux de chocolat

Dans un grand plat de service, de préférence en verre, afin de voir les couches une fois la bagatelle terminée. Il doit être assez profond. Celui que j'utilise a 8 cm (3 po) de profondeur et 22 cm (9 po) de diamètre. Vous pouvez aussi utiliser des coupes individuelles. Pour commencer, préparez les fruits. Pelez les kiwis et coupez chaque kiwi en 16 tranches. Enlevez les raisins de la tige; s'ils sont très gros, coupez-les en deux. Pelez les satsumas et séparez les segments et mettez tous les fruits dans un bol à mélanger. Préparez le jus de citron et mettez-le dans le mélangeur avec les bananes, pelées et en morceaux. Mélangez jusqu'à ce qu'il ne reste plus de grumeaux de banane puis ajouter le psyllium. Mélangez pendant une minute, jusqu'à ce que le psyllium soit bien amalgamé. Versez ce mélange sur les morceaux de fruit et remuez pour bien les enrober. Déposez le mélange dans le plat de verre en l'aplatissant. Nettoyez le mélangeur pour faire le pouding aux pommes. Coupez les pommes, enlevez les cœurs et mettez-les dans le mélangeur. Mélangez jusqu'à l'obtention d'une purée. Ajoutez les raisins trempés et la cannelle et transformez de nouveau en purée. Lorsque les raisins ont complètement disparu dans le mélange, il est prêt. À l'aide d'une cuiller, mettez le mélange dans le plat de verre. Couvrez complètement la couche de fruits.

Ensuite, mon préféré: le pouding au chocolat. Nettoyez le mélangeur encore une fois. Pelez et brisez la banane en morceaux; prélevez la chair de l'avocat et mettez le tout dans le mélangeur avec les dattes et la caroube. Si le mélangeur fonctionne mal, ajoutez un peu d'eau. Lorsque le tout est bien amalgamé, versez le mélange dans le plat sur la couche de pommes en aplatissant bien le mélange. Enfin, pour terminer avec le mélangeur : la crème de noix de cajou. Nettoyez bien le mélangeur, sinon la crème deviendra brune à cause de la caroube. Mettez les noix de cajou, l'huile d'olive, l'agave, la vanille et l'eau dans le mélangeur et mélangez à haute vitesse. Vous devrez peut-être ajouter un peu d'eau, jusqu'à 60 ml (¼ tasse). Laissez le mélangeur en marche pendant quelques minutes, jusqu'à l'obtention d'une crème épaisse, mais lisse — si elle est granuleuse, ajoutez un peu d'eau et mélangez encore un peu. Versez le mélange sur le pouding au chocolat en prenant soin de ne pas intégrer le mélange blanc au pouding. Ciselez les morceaux de mangue et d'ananas en très petits morceaux et saupoudrez-les sur la crème avec les baies du lyciet et le chocolat pour obtenir un superbe effet. Et voilà ! Vous avez une merveilleuse création aussi délicieuse que magnifique.

Les tartes, les tartelettes et les gâteaux

Faire des gâteaux est tout aussi amusant que de les manger. Il y a quelque chose de très thérapeutique dans l'assemblage de tous ces magnifiques ingrédients avec leurs arômes alléchants et dans la création d'un très beau plat que vos amis et votre famille apprécieront lorsque vous le partagerez avec eux. Bien sûr, il y a tous ces essais de saveur au cours de la préparation. Aucun de ces gâteaux ne se prépare en quelques minutes, mais ils sont beaucoup plus simples que la plupart des gâteaux cuits classiques. Le plus grand avantage des gâteaux crus est que vous n'avez pas à trop vous inquiéter de ce qui pourrait mal aller pendant la préparation; vous n'avez pas à vous demander pourquoi le gâteau ne lève pas ou pourquoi il brûle. Et même, si vous commettez une petite erreur, la saveur demeurera étonnante.

Tarte à la crème aux pommes

Les recherches laissent croire que la cannelle pourrait améliorer la glycémie des diabétiques; la moitié d'une cuiller à thé de cannelle par jour a produit des réductions remarquables de leur glycémie. Par conséquent, quand vous ajoutez de la cannelle à vos poudings, non seulement vous améliorez leur saveur, mais vous pourriez contribuer à équilibrer votre glycémie.

30 min/8 à 12 h de trempage/2 h de repos
Mélangeur, robot culinaire
12 portions

Ingrédients

90 g (½ tasse) de graines de sésame, trempées de 8 à 12 h
1 croûte à la caroube ou 1 croûte de tarte nature
8 pommes
120 g (⅔ tasse) de dattes fraîches, dénoyautées
5 g (1 c. à soupe) de cannelle
Jus d'un citron
5 g (1 c. à soupe) de psyllium

Trempez les graines de sésame à l'avance. Préparez la croûte et garnissez-en le fond et les côtés d'un moule à tarte de 20 cm (8 po). Coupez les pommes et enlevez les cœurs; mettez les morceaux dans le mélangeur et mélangez jusqu'à l'obtention d'une purée. Ajoutez les graines de sésame, les dattes, la cannelle et le jus de citron et mélangez de nouveau. Lorsque vous êtes certaine que le tout est bien mélangé et qu'il ne reste aucun morceau de graine dans le mélange, ajoutez le psyllium. Mélangez encore une minute. Versez le mélange dans la croûte en lissant le dessus et réfrigérez la tarte pendant deux heures.

Tarte à la crème aux bananes

C'est un magnifique dessert. Il est tellement riche qu'une petite portion vous rassasiera. Les bananes et le beurre de sésame produisent une fabuleuse combinaison. C'est tout simplement ce dont vous aviez besoin.

30 min/8 à 12 h de trempage/2 h de repos • Robot culinaire, mélangeur • 12 portions

Ingrédients
1 croûte de tarte
4 bananes
1 grosse pomme
120 g (⅔ tasse) de dattes fraîches
110 ml (⅓ tasse et 2 c. à soupe) de beurre de sésame
Jus d'un citron
10 ml (2 c. à thé) d'extrait de vanille
5 g (1 c. à soupe) de psyllium

Préparez la croûte de tarte (ou la croûte à la caroube de la tarte au citron à la page 220). Pelez les bananes, brisez-les en morceaux et mettez-les dans le mélangeur. Coupez la pomme en morceaux, enlevez le cœur et mettez-la dans le mélangeur. Dénoyautez les dattes et ajoutez-les au mélangeur avec le beurre de sésame, le jus de citron et l'extrait de vanille. Mélangez; vous obtiendrez facilement une crème épaisse. Une fois prête, ajoutez le psyllium et mélangez pendant une minute pour vous assurer qu'il est bien intégré. Versez rapidement la crème dans la croûte de tarte. Réfrigérez pendant quelques heures avant de servir.

Gâteau au chocolat

De tous les gâteaux, c'est de loin mon préféré. Il me rappelle les gâteaux éponges Victoria de mon enfance. J'ai écrit la recette initiale avec de la caroube, mais depuis, la merveilleuse fève de cacao a fait son apparition.

45 min/germination/24 h de déshydration • Extracteur de jus, mélangeur, déshydrateur • 8 portions

Ingrédients
180 g (1¾ tasse) de blé, germé
150 g (¾ tasse) de dattes fraîches, dénoyautées
120 g (1 tasse) de copeaux de fève de cacao
125 ml (½ tasse) d'huile d'olive
1 banane
1 avocat
30 ml (2 c. à soupe) de nectar d'agave
15 g (2 c. à soupe) de poudre de chocolat cru

Vous avez vraiment besoin d'un extracteur de jus pour cette recette. Rien d'autre n'arrivera à écraser les germes de blé. Mettez les germes dans l'extracteur avec la plaque vierge en marche, suivis des dattes et des copeaux de fève de cacao si vous en utilisez. Dans un grand bol à mélanger, pétrissez les germes, les dattes, la caroube ou les copeaux de fève de cacao et l'huile d'olive ensemble. Vos mains sont le meilleur outil ici. Lorsque vous avez terminé, divisez le mélange en deux. Sur les plateaux de séchage, formez des rondelles d'environ 5 cm (2 po) d'épaisseur et de 20 cm (8 oz) de diamètre. Déshydratez pendant 12 h. Prenez deux plateaux de séchage et renversez les gâteaux pour vous assurer qu'ils sèchent de l'autre côté. Déshydratez encore 12 h. Lorsque les rondelles sont prêtes, vous pouvez préparer la garniture. Pelez la banane, brisez-la en morceaux et mettez-la dans le mélangeur. Prélevez la chair de l'avocat à la cuiller et mettez-la dans le mélangeur avec le nectar d'agave et les copeaux de caroube. Mélangez jusqu'à l'obtention d'une crème. Ajoutez un peu d'eau si votre mélangeur fonctionne mal. Glissez l'un des gâteaux sur une assiette de service. Garnissez-le de crème épaisse. Déposez le deuxième gâteau dessus, et le dessert est prêt à manger.

Gâteau de Reuben

Jamais surpassée, voici la recette créée par Reuben pour son septième anniversaire. Il est né l'été, donc nous avons tiré le meilleur parti des merveilleuses baies de saison. Comme ce gâteau est assez ferme, vous pouvez utiliser autre chose qu'un moule à gâteau. Vous pouvez le préparer sur un plateau ou une grande assiette, le mouler pour lui donner n'importe quelle forme selon votre fantaisie — un cœur ou une étoile.

45 min
Robot culinaire, mélangeur
12 portions

Ingrédients

120 g (¾ tasse) de graines de tournesol, moulues
120 g (¾ tasse) de graines de chanvre, moulues
120 g (1 tasse) de raisins
60 g (½ tasse) de poudre de caroube
1 grosse mangue
2 nectarines
Jus d'un citron

5 g (1 c. à soupe) de poudre de psyllium
120 g (⅔ tasse) de dattes fraîches, dénoyautées
120 g (¾ tasse) de noix de cajou, moulues
500 g (3⅓ tasses) de fraises
250 g (2 tasses) de framboises
250 g (1⅔ tasse) de bleuets

Ce gâteau a quatre couches. Pour faire la base, moulez les graines de tournesol et de chanvre dans un moulin à café ou dans un mélangeur puissant. Écrasez les raisins dans le robot culinaire. Ajoutez les graines et transformez jusqu'à ce que le mélange soit uniforme. Ajoutez la poudre de caroube et transformez de nouveau. Si le mélange ne colle pas bien, ajoutez quelques gouttes d'eau pour le lier. Pressez le mélange à plat sur votre plateau de service.

Ensuite, préparez la couche de fruits. Détachez la chair du noyau de la mangue. Mettez la chair dans le mélangeur avec les nectarines, dénoyautées et hachées, le jus de citron et mélangez. Le mélange sera assez liquide. Ajoutez le psyllium et mélangez de nouveau. Laissez reposer le mélange pendant quelques minutes pour qu'il commence à épaissir. Une fois qu'il a pris la forme d'une gelée, à l'aide d'une cuiller, déposez-le sur la base de graines.

Pour la troisième couche, écrasez les dattes dans le robot culinaire. Lorsque vous avez obtenu une masse solide, ajoutez les noix de cajou et combinez. Étendez cette couche sur la couche de gelée raffermie. Enfin, pressez les baies sur le gâteau en couvrant entièrement le dessus et les côtés. Le résultat est un superbe festin de baies — trop bon pour être rejeté par qui que ce soit.

Il existe des centaines de variétés de mangue cultivées dans le monde entier. L'Inde est le principal producteur. La variété Tommy Atkins est la plus courante, alors que la variété Alfonso est de la plus haute qualité avec sa délicate saveur parfumée.

Le meilleur gâteau de fête

Cette recette donne un gâteau éponge dense semblable à un sandwich Victoria (gâteau éponge à deux étages).

1 h/12 à 18 h de déshydratation • Mélangeur, déshydrateur • 12 portions

Ingrédients
Gâteau
360 g (3½ tasses) de grains de blé, germés
90 g (¾ tasse) de poudre de caroube
250 ml (1 tasse) d'huile d'olive
125 ml (½ tasse) de nectar d'agave
125 ml (½ tasse) d'eau
Garniture
4 bananes
2 citrons
5 g (1 c. à soupe) de psyllium
Glaçage
200 g (¾ tasse) de beurre de sésame
2 bananes
60 g (½ tasse) de poudre de caroube
Décoration
7 g (1 c. à soupe) de raisins Lexia
7 g (1 c. à soupe) de copeaux de noix de coco
7 g (1 c. à soupe) de baies du lyciet

Faites germer le blé trois jours à l'avance. Déposez tous les ingrédients du gâteau dans le mélangeur et mélangez à haute vitesse jusqu'à l'obtention d'une pâte. Étendez un tiers du mélange sur un plateau du déshydrateur en formant un grand cercle. Répétez avec le reste de la pâte de façon à obtenir trois grands cercles qui remplissent plus ou moins chaque plateau. Déshydratez de 12 à 18 h. Une fois les rondelles refroidies, glissez une rondelle sur une plaque ou un plateau à gâteau, le plat sur lequel vous le servirez, car vous ne pourrez plus le déplacer. Mélangez les bananes au jus de citron et transformez-les en purée. Ajoutez le psyllium. En travaillant rapidement, avant que le psyllium se raffermisse, à l'aide d'une cuiller, déposez la moitié du mélange sur la rondelle. Placez une deuxième rondelle sur ce mélange, déposez le reste du mélange et terminez avec la troisième rondelle.

Revenez au mélangeur pour mélanger le beurre de sésame, la caroube et les bananes. Le mélange doit être assez épais pour coller aux côtés du gâteau. Avec un couteau ou une spatule de métal, lissez le mélange sur le dessus et autour du gâteau, de façon à obtenir un gâteau bien glacé. Décorez avec des raisins Lexia, des copeaux de noix de coco et des baies du lyciet. Placez le nombre requis de chandelles et voilà ! Un gâteau parfait pour votre petit prince ou petite princesse. Tout comme les raisins de Corinthe et les raisins Sultana, les raisins Lexia ne sont qu'une variété de raisins secs. Ils sont gros et juteux. Je n'ai jamais vu de raisins biologiques sur le marché, mais c'est une magnifique variante aux raisins utilisés dans les poudings, les sucreries et le chocolat.

Torte à la noix de coco

Elle a eu la faveur de toute la famille pendant un certain temps. Elle est riche et à la fois légère. La noix de coco a de merveilleuses propriétés; nous en mangeons beaucoup. Regorgeant d'acide laurique, un acide gras très bénéfique, elle contribue à l'équilibre du métabolisme. C'est donc une graisse que vous pouvez consommer en quantités sans prendre du poids.

45 min/2 h de repos
Robot culinaire, mélangeur
12 portions

Ingrédients
180 g (1⅔ tasse) de noix, moulues
2 noix de coco fraîches
120 g (1 tasse) de raisins
5 g (1 c. à soupe) de cannelle
90 g (¾ tasse) de poudre de caroube
250 g (1⅓ tasse) de dattes fraîches, dénoyautées
10 ml (2 c. à thé) de tamari
16 g (2 c. à soupe) de café moulu
125 ml (½ tasse) d'huile d'olive
125 ml (½ tasse) de nectar d'agave
125 ml (½ tasse) d'eau
250 g (2 tasses) de framboises

Moulez les noix dans un moulin à café ou un mélangeur puissant. Extrayez la chair de noix de coco des coques. Pour préparer la base, prenez les noix, les raisins, la cannelle et 120 g (1½ tasse) de la chair de noix de coco. Écrasez les raisins dans le robot culinaire jusqu'à l'obtention d'une masse ferme. Ajoutez la noix de coco et moulez encore un peu. Une fois la noix de coco amalgamée, ajoutez les noix moulues et la cannelle et transformez jusqu'à ce que le tout soit réparti uniformément. Pressez le mélange dans le moule en une seule couche au fond.

Ensuite, déposez le reste de la chair de noix de coco, la caroube, les dattes, le tamari, le café moulu, l'huile d'olive, le nectar d'agave et l'eau dans le mélangeur. Vous devriez avoir suffisamment de liquide pour que le mélangeur fonctionne bien. Si vous avez un modèle courant, vous pourriez avoir quelques problèmes. Vous pourriez d'abord écraser les dattes et la noix de coco dans le robot culinaire. N'ajoutez pas plus d'eau, car le mélange sera trop liquide. Vous devez obtenir une crème granuleuse très épaisse. Déposer à la cuiller la crème sur la base de la torte en égalisant le dessus et décorez-la avec les framboises fraîches. Laissez reposer la torte pendant une heure ou deux avant de la servir.

Au sud de la Thaïlande, un singe appelé macaque à queue de cochon est entraîné à cueillir les noix de coco des palmiers. On organise des concours pour déterminer le meilleur cueilleur.

Gâteau à la crème glacée

C'est peut-être fou de ma part et je suis peut-être un peu obsessionnelle, mais je souhaite depuis longtemps réaliser un rouleau arctique cru (un gâteau roulé à la crème glacée). Cette recette est très semblable et très somptueuse. C'est un parfait gâteau d'anniversaire l'été.

40 min/germination/8 à 12 h de trempage/18 h de déshydratation • Mélangeur, déshydrateur, sorbetière • 12 à 16 portions

Ingrédients

Couche de gâteau
300 g (3 tasses) de graines de sarrasin, germées
90 g (¾ tasse) de poudre de caroube
ou 120 g (1 tasse) de copeaux de chocolat moulus
30 ml (2 c. à soupe) de nectar d'agave
250 ml (1 tasse) d'eau

Couche de crème glacée
200 g (1⅓ tasse) de noix de cajou, trempées de 8 à 12 h
8 dattes fraîches, dénoyautées
15 ml (1 c. à soupe) d'extrait de vanille
250 ml (1 tasse) d'eau

Glaçage
30 ml (2 c. à soupe) de beurre d'amandes
30 ml (2 c. à soupe) de nectar d'agave
15 ml (1 c. à soupe) de poudre de caroube

Décoration
15 g (2 c. à soupe) de baies du lyciet
90 g (⅔ tasse) de baies fraîches si elles sont en saison

Faites germer le sarrasin deux ou trois jours à l'avance. Trempez les noix de cajou pendant la nuit. Déposez tous les ingrédients du gâteau dans le mélangeur et mélangez jusqu'à l'obtention d'une crème. Versez le mélange à la cuiller sur trois plateaux de séchage et formez de grands cercles qui devraient couvrir la plus grande partie du plateau. L'important est que les cercles soient de la même taille, car ils seront superposés. Séchez les cercles pendant 12 h puis retournez-les (tenez-les une seconde, nettoyez le dessus du plateau, renversez les cercles et enlevez le premier plateau). Séchez encore 6 h. Mélangez les ingrédients de la crème glacée jusqu'à l'obtention d'une crème et versez-la dans la sorbetière. La mienne transforme la crème en crème glacée en environ 20 minutes. Elle doit être assez ferme, mais vous devez pouvoir l'étendre.

Glissez une couche de gâteau sur une grande assiette et déposez à la cuiller la moitié de la crème glacée sur le gâteau en couche épaisse étendue jusqu'aux bords. Glissez le deuxième gâteau sur le dessus et couvrez-le du reste de la crème glacée. Glissez le troisième gâteau sur le dessus. Préparez le glaçage en mélangeant à la cuiller le beurre d'amandes, le nectar d'agave et la poudre de caroube dans un bol. Si le mélange n'est pas assez liquide, ajoutez de l'eau. Étendez avec un couteau ou une spatule en métal le glaçage en couche mince sur le gâteau. Décorez avec des baies du lyciet ou n'importe quel fruit en saison. Les fraises sont gagnantes. Mangez le gâteau immédiatement. Congelez les restes. Pour les manger, sortez-les 20 min d'avance pour qu'ils ramollissent un peu de façon à pouvoir couper une tranche.

De toutes les nations, les Américains mangent le plus de crème glacée, soit en moyenne 23 litres (6 gallons) par année.

Torte à la caroube

Cette torte est une adaptation d'une recette du livre de Juliano, *Raw: The Uncook Book*. Aussi fabuleuse qu'elle puisse être, elle est incroyablement riche — celle-ci l'est moins, mais elle demeure très agréable.

45 min
Mélangeur, robot culinaire
16 portions

Ingrédients

180 g (1⅔ tasse) de noix, moulues
120 g (1 tasse) de raisins
5 g (1 c. à soupe) de cannelle
250 g (3 tasses) de morceaux de noix de coco fraîche
420 g (2 tasses) de dattes fraîches, dénoyautées
125 ml (½ tasse) de nectar d'agave

250 g (1¼ tasse) de noix de cajou, moulues
200 g (1¾ tasse) de poudre de caroube
2 citrons
4 bananes
250 g (2 tasses) de fruits de saison

Ce gâteau a quatre couches : croûte, garniture, glaçage et garniture. Pour préparer la croûte, prenez les noix, les raisins et la cannelle. Écrasez les raisins dans le robot culinaire jusqu'à ce qu'ils forment une masse solide. Ajoutez les noix et la cannelle et transformez jusqu'à ce que les noix et les raisins soient complètement mélangés. Pressez dans un moule à tarte en garnissant le fond seulement, pas les côtés.

Nettoyez le robot culinaire et mettez-y les morceaux de noix de coco. Transformez jusqu'à ce que les morceaux soient petits et tous de la même grosseur, de la taille d'un grain de riz ou d'un raisin sec. Versez ce mélanger dans un grand bol. Transformez les dattes jusqu'à l'obtention d'une boule. Avec l'appareil en marche, ajoutez progressivement le nectar d'agave aux dattes. Une fois le tout bien mélangé, versez dans le bol avec les copeaux de noix de coco, les noix de cajou moulues et la poudre de caroube. Mélangez le tout à la cuiller de bois jusqu'à ce que le mélange soit ferme. Versez le mélange sur la croûte.

Préparez le jus de citron et versez-le dans le mélangeur avec les bananes, pelées et en morceaux. Mélangez jusqu'à ce qu'il n'y ait plus de grumeaux. Versez ce mélange sur la torte. Enfin, disposez les fruits sur le dessus : les baies mélangées sont excellentes l'été, ou les segments de clémentine l'hiver. Vous pouvez servir la torte immédiatement ou la réfrigérer jusqu'à une semaine.

Les cosses de caroube sont si abondantes au sud de l'Espagne que les agriculteurs ne savent plus quoi en faire. Ils s'en servent pour nourrir les animaux.

Tarte au citron

Nous étions en visite chez mon amie Emma qui prépare d'excellents gâteaux végétaliens (elle est la rédactrice en chef du magazine *Juno*). Elle nous a servi une tarte au citron végétalienne qui a inspiré ma version crue. La croûte à la caroube offre un contraste merveilleusement riche avec la couleur vive des citrons.

30 min/2 h de repos • Robot culinaire, mélangeur • 8 portions

Ingrédients
200 g (1⅓ tasse) d'amandes
200 g (1⅓ tasse) de raisins
15 g (2 c. à soupe) de poudre de caroube
8 citrons

250 g (1⅓ tasse) de dattes fraîches, dénoyautées
3 bananes
5 g (1 c. à soupe) de psyllium

Moulez les amandes dans un moulin à café ou un mélangeur puissant. Écrasez les raisins dans un robot culinaire jusqu'à ce qu'ils forment une boule. Ajoutez les amandes et la poudre de caroube et transformez jusqu'à l'obtention d'une nouvelle boule lisse. Vous devrez peut-être ajouter quelques gouttes d'eau pour la raffermir. Pressez ce mélange dans un moule à tarte de 20 cm (8 po), suffisamment pour couvrir le fond et environ 2 cm (1 po) en remontant les côtés. Réservez. Pour faire la garniture, pelez les citrons et enlevez les pépins. Mettez la chair dans le mélangeur avec les dattes et les bananes. Mélangez jusqu'à l'obtention d'une purée liquide. Ajoutez le psyllium et mélangez encore un peu. Versez la garniture dans la croûte immédiatement. Réfrigérez pendant quelques heures. Saviez-vous qu'un seul citron vous fournit 40 % de l'apport quotidien recommandé de vitamine C ?

Gâteau d'Ethan

45 min/2 h de repos • Robot culinaire, mélangeur • 12 portions

Ingrédients
150 g (1⅔ tasse) d'amandes, moulues
120 g (¾ tasse) de dattes fraîches, dénoyautées
15 g (1 c. à soupe) de poudre de caroube
2 grosses ou 3 petites pommes
2 grosses ou 3 petites poires

2 citrons
4 bananes
5 g (1 c. à soupe) de poudre de psyllium
120 g (¾ tasse) de raisins Lexia

Pour préparer la croûte, moulez les amandes dans un moulin à café ou un mélangeur puissant. Écrasez les dattes dans le robot culinaire. Lorsque vous aurez obtenu une masse collante, ajoutez la caroube et les amandes et transformez jusqu'à l'obtention d'une magnifique pâte brune et collante. Pressez la pâte dans un moule à gâteau, au fond en remontant les côtés. Essayez de ne pas vous lécher les doigts avant d'avoir terminé. Préparez les pommes et les poires en enlevant les cœurs et en les coupant en morceaux, de façon à pouvoir les mettre dans votre robot culinaire. À l'aide de la lame fine, tranchez les fruits et mettez-les dans un bol à mélanger. Préparez le jus de citron et versez-le dans le mélangeur avec les bananes. Mélangez jusqu'à ce qu'il n'y ait plus de grumeaux. Ajoutez le psyllium et mélangez encore une minute. Versez le mélange dans le bol avec les fruits. Ajoutez les raisins et remuer de façon à mélanger bien les fruits. À l'aide d'une cuiller, déposez le mélange dans la croûte en aplatissant le dessus. Réfrigérez pendant quelques heures. La poire arrive en tête dans la liste d'aliments auxquels les gens sont les moins susceptibles d'être allergiques. C'est un excellent aliment pour les bébés.

Pain de malt

20 min/8 à 12 h de trempage/24 h de déshydratation
Mélangeur, déshydrateur
8 portions

Ingrédients
60 g (⅓ tasse) de figues, trempées de 4 à 8 h
60 g (⅓ tasse) d'abricots, trempés de 4 à 8 h
180 g (6 oz) de noix, trempées de 8 à 12 h
120 g (1¼ tasse) d'amandes, trempées de 8 à 12 h
300 g (1¾ tasse) de graines de lin, moulues

Faites tremper les figues, les abricots, les noix et les amandes à l'avance. Lorsque les fruits et les noix sont prêts, égouttez-les. Jetez l'eau de trempage des noix. Vous pouvez boire l'eau des fruits séchés, elle est délicieuse. Les noix et les fruits séchés devraient avoir absorbé suffisamment d'eau pour que le mélange soit assez liquide pour être mélangé. Déposez le mélange dans un bol et ajoutez les graines de lin en remuant. Elles raffermiront considérablement le mélange. Mettez le mélange sur un plateau de séchage. Formez une miche d'environ 5 cm (2 po) d'épaisseur (pas plus épaisse, sinon elle ne séchera pas convenablement) et séchez-la pendant 12 h puis retournez-la de façon à ce que le dessous sèche également et séchez-la pendant 12 h. Servez avec du beurre de noix cru comme collation pour le thé.

Le Dr Gabriel Cousens a créé le Tree of Life Center en 1993. Ce centre est maintenant l'un des premiers lieux d'attraction de l'enseignement du régime crudiste du monde. Il est situé sur 74 hectares de terre et il héberge des gens de plus de 100 nations.

Tarte aux graines de pavot

Les graines de pavot constituent un merveilleux ajout aux salades et aux plats sucrés. Une simple pincée donne une texture croquante et une légère saveur de noix aux plats.

1 h/8 à 12 h de trempage/2 h de repos
Robot culinaire, mélangeur
12 portions

Ingrédients
120 g (¾ tasse) de graines de tournesol, trempées de 8 à 12 h
120 g (⅔ tasse) de dattes
5 ml (1 c. à thé) de cannelle
120 g (⅔ tasse) d'abricots, trempés pendant 4 h
60 g (⅓ tasse) de dattes
5 ml (1 c. à thé) d'extrait de vanille
150 g (1 tasse) d'amandes
4 bananes
125 ml (½ tasse) de sirop d'agave
125 ml (½ tasse) d'huile d'olive
125 ml (½ tasse) d'eau
5 g (2 c. à soupe) de psyllium
200 g (1⅓ tasse) de graines de pavot

Pour faire la croûte, versez les graines de tournesol dans le robot culinaire et transformez jusqu'à ce que les graines soient moulues le plus possible. Ajoutez la première quantité de dattes et la cannelle et transformez de nouveau jusqu'à l'obtention d'une pâte. Pressez le mélange dans un grand moule à tarte pour former une croûte au fond et sur les côtés. Nettoyez le robot culinaire et mettez-y les abricots, la deuxième quantité de dattes et la vanille. Transformez jusqu'à ce que les abricots et les dattes soient bien amalgamés et pressez le mélange sur la croûte au tournesol. Ensuite, mettez les amandes, les bananes (pelées et en morceaux), le sirop d'agave, l'huile d'olive et l'eau dans le mélangeur. Mélangez jusqu'à l'obtention d'une crème épaisse et ajoutez le psyllium. Mélangez encore une minute. Ajoutez les graines de pavot en remuant à la main en vous assurant de bien les répartir dans le mélange, qui doit être assez solide. Étendez le mélange sur la couche d'abricots rapidement, avant qu'il soit complètement ferme. Réfrigérez la tarte pendant deux heures.

Les biscuits

Dans ce chapitre, nous célébrons les biscuits sucrés. Vous pouvez en manger autant que vous le désirez sans prendre de poids, encrasser vos artères ou faire une surdose de sucre. Manger des biscuits crus est un réel plaisir. Non seulement vous profitez de friandises riches en nutriments essentiels à l'organisme, mais vous libérez votre esprit ! Enfant, on m'a appris à avoir peur des biscuits. Ils étaient partout, ils faisaient partie du régime quotidien, mais j'en consommais avec grande réserve par crainte d'absorber plus que l'apport calorique quotidien permis, d'avoir des boutons ou de gâter mon appétit pour le souper. Être en mesure de manger autant de collations sucrées que son cœur en a envie sans la moindre trace de culpabilité est une merveilleuse expérience que tous méritent de vivre. Préparez des biscuits, partagez-les avec vos amis et répandez la joie.

Crêpes

D'accord, je triche. Cette recette se trouve dans *Certains l'aiment cru*, mais ces crêpes sont tellement délicieuses qu'elles valent la peine d'être mises en valeur de nouveau. J'ai légèrement modifié la recette.

10 min/8 à 12 h de prétrempage/18 h de déshydratation • Mélangeur, déshydrateur • 20 crêpes

Ingrédients

300 g (3⅓ tasses) d'avoine, trempée de 8 à 12 h
60 ml (¼ tasse) de nectar d'agave
60 ml (¼ tasse) d'huile d'olive

60 ml (¼ tasse) d'eau
120 g (1 tasse) de raisins secs

Mettez tous les ingrédients, sauf les raisins, dans le mélangeur. Mélangez jusqu'à l'obtention d'un gruau (vous pouvez le manger tel quel comme déjeuner si vous le désirez !). Ajoutez les raisins en remuant à la main. Étendez le mélange sur un plateau de séchage à une épaisseur d'environ 2 cm (1 po). Séchez pendant 12 h puis coupez en rectangles de 10 x 13 cm (4 x 5 po) ou en carrés de 13 x 13 cm (5 x 5 po) si vous voulez faire de petites crêpes. Retournez les crêpes et séchez-les encore 6 h. Les crêpes se conservent jusqu'à deux semaines au réfrigérateur dans un contenant étanche.

L'avoine est une excellente collation, car c'est un glucide qui se libère lentement et qui vous procure un niveau d'énergie constant plutôt qu'une poussée d'énergie, puis une chute, comme le fait une collation sucrée.

Sablé aux fraises

Ces biscuits d'été, lorsque les fraises sont en saison, fondent délicieusement dans la bouche. Vous pouvez remplacer les fraises par n'importe quelles baies; les framboises et les bleuets sont magnifiques.

5 min/8 à 12 h de prétrempage/24 h de déshydratation • Mélangeur, déshydrateur • Environ 25 biscuits

Ingrédients

300 g (2 tasses) de noix du Brésil, prétrempées de 8 à 12 h
200 g (1⅓ tasse) de fraises
60 g (⅓ tasse) de dattes, dénoyautées

60 ml (4 c. à soupe) d'huile d'olive
125 à 250 ml (½ à 1 tasse) d'eau
10 ml (2 c. à thé) de cannelle

Faites tremper vos noix du Brésil à l'avance. Coupez les fraises en très petits morceaux, environ de la taille d'un raisin sec. Mélangez tous les ingrédients, sauf les fraises, dans un mélangeur jusqu'à l'obtention d'une purée où il n'y a plus de morceaux de noix. Utilisez le moins d'eau possible, sinon vos biscuits seront trop mous. Ajoutez les baies en remuant à la main. Étendez le mélange sur un plateau de déshydratation. Séchez pendant 12 h et coupez la feuille en 25 biscuits. Retournez les biscuits et séchez encore 12 h. Conservez les biscuits au réfrigérateur dans un contenant étanche. Ils se conserveront environ une semaine. Si vous en avez envie et si vous avez le temps, ces biscuits sont encore meilleurs si vous séchez d'abord les baies. Coupez-les en dés, étendez-les sur un plateau et séchez-les de 6 à 12 h. Ensuite, ajoutez les baies séchées au mélange et vous aurez des baies plus molles dans vos biscuits.

Carrés au chocolat

Cette recette est basée sur la recette de crêpes de *Certains l'aiment cru*. Il y a beaucoup de recettes dans ce livre que j'utilise tous les jours; les crêpes en font partie, mais c'est une recette digne d'un roi ! Avec la somptueuse fève de cacao, ils sont vraiment délicieux et presque magiques.

10 min/8 à 12 h de prétrempage/18 h de déshydratation
Mélangeur, déshydrateur
16 carrés

Ingrédients
300 g (3⅓ tasses) d'avoine, trempée de 8 à 12 h
120 g (1 tasse) de fève de cacao, moulue
120 g (⅔ tasse) de dattes fraîches, dénoyautées
   (ou 60 ml [¼ tasse] de sirop d'agave et 125 ml [½ tasse] d'eau)
125 ml (½ tasse) d'huile d'olive
7 g (1 c. à soupe) de poudre de maca
   (facultative, pour donner un peu de piquant)
15 g (2 c. à soupe) de poudre de caroube
25 g (¼ tasse) de copeaux de caroube (non crus, facultatifs)

Prétrempez l'avoine. Vous pouvez utiliser des flocons d'avoine ou du gruau, selon votre préférence. Mettez tous les ingrédients, sauf les copeaux de caroube, dans le mélangeur et mélangez jusqu'à l'obtention d'une purée épaisse. Ajoutez les copeaux de caroube en remuant à la main. Déposez à la cuiller le mélange sur un plateau de déshydratation à une épaisseur d'environ 1 cm (½ po). Formez un carré et séchez-le pendant 12 h. Coupez la feuille en 16 carrés. Retournez les carrés et séchez-les encore 6 h. Mettez les carrés au réfrigérateur dans un contenant étanche. Ils se conserveront environ deux semaines.

C'est une excellente collation le matin, car l'avoine stabilise la glycémie pour la journée et le chocolat vous donne un regain d'énergie et vous soutient jusqu'au dîner.

Biscuits à la caroube et à la noix de coco

10 min/12 h de déshydratation • Mélangeur, robot culinaire, déshydrateur • Environ 20 biscuits

Ingrédients
250 g (1⅓ tasse) de dattes, dénoyautées
2 bananes, pelées et en morceaux
60 g (½ tasse) de poudre de caroube
ou de poudre de chocolat cru
270 g (3 tasses) de noix de coco fraîche

Mélangez les dattes, les bananes et la caroube jusqu'à l'obtention d'une purée. Hachez la noix de coco en petits morceaux et râpez-la au robot culinaire de façon à obtenir des morceaux de la taille d'un raisin sec. Ajoutez le mélange de caroube en remuant à la main. Mettez des cuillerées du mélange sur les plateaux du déshydrateur en l'aplatissant pour que les biscuits ne soient pas trop épais — idéalement, environ 1 cm (½ po). Séchez les biscuits pendant 12 h.

Gâteaux aux carottes

Les graines de lin moulues donnent à ces gâteaux un goût de levure qui s'allie aux épices et aux fruits séchés et les fait ressembler à de petites brioches.

10 min/12 h de déshydratation • Mélangeur, déshydrateur • 12 gâteaux

Ingrédients
150 g (1 tasse) de graines de lin, moulues
1 pomme
4 carottes

5 g (1 c. à soupe) d'épices mélangées
15 g (2 c. à soupe) de raisins secs

Moulez les graines de lin dans un moulin à café ou un mélangeur puissant. Coupez la pomme et enlevez le cœur. Enlevez les parties inférieure et supérieure des carottes et hachez-les en morceaux qui conviennent au mélangeur. Mettez-les dans le mélangeur avec les pommes et mélangez jusqu'à l'obtention d'une purée. Ajoutez les graines de lin moulues et les épices et mélangez de nouveau pour obtenir une purée. Ajoutez les raisins en remuant à la main. Vous devriez avoir un mélange assez ferme. Formez des galettes, aussi minces que possible sans qu'elles se brisent, entre les paumes de vos mains. Vous devriez avoir environ une douzaine de petits gâteaux. Placez les gâteaux séparément sur un plateau de séchage et séchez pendant 6 h. Retournez-les et séchez encore 6h.

Jolis biscuits

Ce qui est fameux à propos de ces biscuits, c'est qu'ils sont sucrés sans contenir trop d'ingrédients sucrés. Le stevia est une herbe 30 à 100 fois plus sucrée que le sucre. Par conséquent, quelques gouttes suffiront dans vos gâteaux ou vos biscuits plutôt que tout autre édulcorant. Si vous le goûtez directement de la bouteille ou de l'emballage, il n'est pas très bon, comme la mélasse foncée, mais dans une recette, c'est l'un des édulcorants les plus sains et les moins collants que vous puissiez trouver.

15 min/8 à 12 h de prétrempage/16 h de déshydratation • Mélangeur, déshydrateur • Environ 40 biscuits

Ingrédients

150 g (1 tasse) de noix du Brésil, trempées de 8 à 12 h
150 g (1 tasse) de graines de lin, trempées de 8 à 12 h
20 gouttes de stevia ou 10 ml (2 c. à thé) de poudre de stevia
5 ml (1 c. à thé) de cannelle
120 g (1 tasse) de raisins secs

Faites tremper les noix et les graines pendant la nuit dans 1 l (4 tasses) d'eau puis mettez-les dans le mélangeur avec le stevia et la cannelle. Mélangez jusqu'à ce qu'il n'y ait plus de graines visibles dans le mélange. Ajoutez les raisins et mélangez à la main. Étendez le mélange sur les plateaux du déshydrateur et séchez pendant 12 h. Tranchez, retournez et séchez les feuilles 2 à 4 h de plus. Ces biscuits ont été nos préférés pendant un long moment. Je ne savais pas quel nom leur donner jusqu'à ce qu'Ethan me demande de lui donner un « joli biscuit » un jour, et le nom est resté.

Brioches de carême

Le sirop de yacon se vend dans les magasins d'aliments crus en ligne. C'est un édulcorant sans sucre fait avec un légume-racine péruvien, dont le goût ressemble à celui du sirop de malt d'orge, mais qui n'a aucun effet sur la glycémie. Les brioches de carême font partie des friandises saisonnières. Il est souvent difficile de s'arrêter d'en manger. Les épices aromatiques et les fruits séchés mous, la brioche pâteuse… J'ai donc décidé de créer ma propre version crue.

10 min/8 à 12 h de prétrempage/18 h de déshydratation • Mélangeur, déshydrateur • 24 brioches

Ingrédients

300 g (3⅓ tasses) d'avoine, prétrempée de 8 à 12 h
60 ml (¼ tasse) de nectar d'agave
60 ml (¼ tasse) d'huile d'olive
15 g (2 c. à soupe) d'épices mélangées
250 ml (1 tasse) d'eau
200 g (1⅓ tasse) de fruits de vigne mélangés

Croix

30 ml (2 c. à soupe) de sirop de yacon ou de mélasse
30 ml (2 c. à soupe) de beurre de sésame
Eau pour mélanger

Faites tremper l'avoine pendant la nuit. Vous pouvez utiliser de l'avoine décortiquée ou des flocons d'avoine si vous le préférez. Mettez le tout dans le mélangeur, sauf les fruits séchés, et mélangez jusqu'à l'obtention d'une pâte épaisse. Ajoutez les fruits de vigne en remuant à la main. Déposez des cuillerées du mélange sur le plateau du déshydrateur en formant de petites brioches bien dodues. Idéalement, elles doivent avoir une épaisseur de 2,5 cm (1 po) et un diamètre de 6 cm (3 po). Séchez les brioches pendant 18 h. Une fois prêtes, mélangez le beurre de sésame et la mélasse avec une cuillerée ou deux d'eau de façon à pouvoir étendre le mélange, mais sans qu'il soit trop liquide ou qu'il ne colle pas. À l'aide d'une cuiller à thé, vous devriez pouvoir dessiner une croix sur le dessus des brioches.

Les friandises

Quelques petits amuse-gueule qui devraient suffire à persuader même les plus réticentes d'entre vous que les aliments crus ne sont pas ennuyeux et fades. Préparez ces quelques recettes pour impressionner vos invités, vos enfants ou à l'occasion des anniversaires ou de Noël, en fait, chaque fois que vous en avez la chance. Vous pouvez manger ces sucreries sans vous inquiéter de gâcher votre appétit. Elles sont plus nutritives qu'un « repas convenable », comme les pâtes, les sauces en pot ou un repas congelé.

Boules de maca

La maca est un superaliment fantastique, riche en protéines et en minéraux et très énergisant. Sa saveur s'allie très bien à celle de la caroube. Mangez une (ou deux) de ces friandises entre le déjeuner et le dîner ou vers la fin de l'après-midi, lorsque vous commencez à avoir faim, pour vous donner un nouvel élan.

10 min • 16 boules

Ingrédients
15 g (2 c. soupe) de poudre de maca
60 g (½ tasse) de poudre de caroube
250 g (1 tasse) de beurre de sésame
30 ml (2 c. à soupe) d'agave

Mettez tous les ingrédients dans un bol à mélanger et combinez à l'aide d'une cuiller. Roulez le mélange en boules de la grosseur d'une noix (donne environ 16 boules). Elles devraient se conserver pendant des semaines dans un contenant étanche au réfrigérateur.

La maca est une plante qui pousse à des altitudes plus élevées que la plupart des autres plantes du monde. Elle peut résister à des températures extrêmes — une chaleur intense et un froid de canard. C'est ce qu'elle nous procure; l'énergie de l'endurance, de vivre, peu importe les obstacles à surmonter ou la force de la tempête.

Confiture

Tartinée sur des craquelins ou sur du pain essène, cette confiture a le même goût que les confitures aux fruits sans sucre que vous trouvez sur le marché. Elle est rapide et facile à faire.

5 min/4 à 8 h de trempage • Mélangeur • 2 pots

Ingrédients
60 g (⅓ tasse) de prunes, trempées de 4 à 8 h
3 pommes
Jus d'un citron

Faites tremper les prunes à l'avance. Coupez les pommes, enlevez les cœurs et mettez les morceaux dans le mélangeur. Mélangez jusqu'à l'obtention d'une purée. Ajoutez les prunes et le jus de citron et mélangez de nouveau jusqu'à l'obtention d'une purée. La confiture se conserve environ cinq jours dans des pots au réfrigérateur.

Variante
Remplacez les prunes par des abricots séchés non soufrés pour faire une confiture aux abricots.

Friandises spéciales

Le mélange des pignons et des noix de macadamia donne un résultat merveilleusement décadent, riche et voluptueux, et positivement coquin ! Si votre budget ne vous permet pas de vous procurer les deux, remplacez les pignons ou les noix par des graines de sésame écalées.

30 min • Robot culinaire ou extracteur de jus à engrenages • 25 portions

Ingrédients

120 g (¾ tasse) de pignons
120 g (¾ tasse) de noix de macadamia
120 g (⅔ tasse) de dattes fraîches, dénoyautées
15 ml (1 c. à soupe) de nectar d'agave
90 g (¾ tasse) de poudre de caroube
Une pincée de sel de mer

Il existe deux façons de préparer ces friandises. La meilleure façon est de passer d'abord les noix, puis les dattes, dans un extracteur de jus avec la plaque vierge en marche. Mettez ensuite une pincée de sel de mer dans le bol à mélanger et à l'aide d'une cuiller ou de vos mains, mélangez le tout ensemble. Si vous n'avez pas d'extracteur à engrenages, vous pouvez moudre les noix d'abord, puis mettre le tout dans le robot culinaire. La friandise ne sera pas aussi lisse, mais elle fera l'affaire. Formez des boules de la grosseur d'une noix. Elles se conserveront au réfrigérateur pendant quelques semaines. Pour la Saint-Valentin ou comme cadeau pour un être cher, formez des cœurs d'environ 1 cm (½ po) d'épaisseur et de 3 cm (1 po) de long, puis versez un peu de caroube ou de chocolat fondu dessus comme glaçage.

Super truffes

Elles contiennent tous les ingrédients du succès. Merveilleuses pour créer un esprit de fête pendant les réceptions. De plus, elles regorgent tellement de vitamines et de minéraux que vous pourriez pratiquement en vivre !

20 min • Extracteur de jus à engrenages, robot culinaire • 25 à 30 truffes

Ingrédients

250 g (2 tasses) de copeaux de fèves de cacao
90 g (¾ tasse) de baies du lyciet
15 g (2 c. à soupe) de poudre de maca
15 g (2 c. à soupe) de granules de pollen d'abeille
7 g (1 c. à soupe) de poudre d'algue bleu-vert du lac Klamath
30 ml (2 c. à soupe) de sirop d'agave
60 g (½ tasse) de poudre de caroube
Une pincée de sel de mer ou en gros cristaux

Si vous avez un extracteur de jus à engrenages, mettez la fève de cacao et les baies du lyciet à l'intérieur avec la plaque vierge en marche. Sinon, moulez la fève de cacao dans un moulin et écrasez les baies du lyciet séparément dans un robot culinaire. Ensuite, mettez le tout dans le robot culinaire laissez-le en marche jusqu'à ce que le mélange forme une boule. S'il ne commence pas à coller, ajoutez quelques gouttes d'eau pour faciliter le travail de l'appareil. Une fois que vous avez obtenu une masse ferme, brisez-la en petits morceaux et formez des boules de la grosseur d'une noix. Les truffes se conservent jusqu'à un mois dans un contenant étanche au réfrigérateur. Mon algue bleu-vert préférée porte le nom de Crystal Manna. Elle est offerte sous forme de flocons et ressemble à des paillettes vertes. Vous devez le voir pour le croire. Je la saupoudre sur le repas ou je l'ajoute au chocolat.

Chocolat cru

30 min
Robot culinaire
20 morceaux (ou un seul si vous êtes mon ex-mari)

Ingrédients
120 g (1 tasse) de fèves ou de copeaux de cacao
120 g (¾ tasse) de graines de sésame
1 gousse de vanille
120 g (⅔ tasse) de dattes fraîches, dénoyautées

Moulez la fève de cacao, les graines de sésame et la vanille dans un broyeur ou un mélangeur puissant. Écrasez les dattes dans le robot culinaire. J'utilise seulement 120 g (⅔ tasse) de dattes, ce qui donne une truffe très chocolatée, d'un goût un peu plus prononcé que le chocolat ordinaire. Si vous avez une dent sucrée, vous pouvez ajouter plus de dattes ou 15 ml (1 c. à soupe) de nectar d'agave. Ajoutez la vanille et le mélange de graines de sésame et de cacao dans le robot culinaire et transformez-les jusqu'à l'obtention d'une boule. Brisez en morceaux de la grosseur d'une noix et formez de petites boules. Si vous les préparez comme cadeau ou pour une réception, enduisez-les de noix de coco séchée pour leur donner une apparence professionnelle. Le chocolat se conserve au réfrigérateur.

Friandises vertes

Combien connaissez-vous de personnes qui sont contentes de manger du chou vert ? Dans mes recherches pour faire manger plus de légumes verts à mes fils, j'ai découvert cette petite recette qui contient une portion décente de chou vert, mais qui a en fin de compte le goût d'une friandise sucrée.

5 min/12 h de séchage • Mélangeur, déshydrateur • 4 portions

Ingrédients
4 pommes
500 g (7 tasses) de chou vert

Coupez les pommes, enlevez les cœurs et mettez les morceaux dans le mélangeur. Mélangez jusqu'à l'obtention d'une purée. Ensuite, préparez le chou vert; jetez toute grosse tige, hachez-le en petits morceaux et ajoutez-le à la purée de pommes. Mélangez jusqu'à l'obtention d'une nouvelle purée sans grumeaux. Vous obtiendrez un très beau mélange vert foncé. Étendez le mélange sur les plateaux du déshydrateur et séchez pendant 12 h, jusqu'à ce que les feuilles se détachent facilement du plateau. Roulez la feuille et tranchez-la en deux au milieu. Les friandises se conservent jusqu'à un mois dans un contenant étanche au réfrigérateur.

Barres de salades

Semblables aux friandises vertes, mais il s'agit d'une salade dans un casse-croûte.

10 min/12 h de déshydratation • Mélangeur, déshydrateur • 12 barres

Ingrédients
4 feuilles de laitue
1 pomme
2 bâtons de céleri
1 tomate
½ concombre

Préparez le tout en coupant les ingrédients en morceaux qui conviennent au mélangeur. Jetez le cœur de pomme. Si vous utilisez du céleri feuillu, enlevez les feuilles; elles sont favorables à la santé, mais amères et masqueront la saveur de la barre. Mettez le tout dans le mélangeur et mélangez à haute vitesse jusqu'à l'obtention d'un liquide. Goûtez-y : s'il n'est pas assez sucré pour vous, ajoutez une pomme. Étendez le mélange sur deux plateaux de séchage et séchez pendant 12 h. Lorsque vous pouvez plier les feuilles, sans qu'elles soient trop molles (pas assez séchées) ou croustillantes (trop séchées), elles sont prêtes. Retirez les feuilles du déshydrateur, roulez-les et tranchez-les au milieu. Les barres se conservent jusqu'à un mois dans un contenant étanche au réfrigérateur.

Les recettes de mes invités

Les aliments crus gagnent en popularité de jour en jour, ce qui est fantastique. Cela dit, le nombre de personnes qui ont adopté ce régime et qui s'y tiennent depuis longtemps est plutôt restreint. Il y a 10 ans, il était très difficile de maintenir ce régime, car il y avait peu d'information à ce sujet et peu de soutien. De nombreuses personnes croyaient que cette façon de s'alimenter était avantageuse, mais elles n'arrivaient pas à l'intégrer à leur style de vie ou n'avaient pas les connaissances nécessaires pour en tirer les profits. C'est pourquoi celles qui ont tenu le coup au cours des années méritent d'être reconnues et soutenues. Ce sont des pionnières. Ces personnes font des erreurs et apprennent à la dure. Par conséquent, elles peuvent vous faire part des leçons qu'elles ont apprises. Voici un éventail de recettes que je tiens de certaines personnes que j'aime le plus au monde. Régalez-vous.

Melomacarouna (gâteaux au « miel »)
Gina Panayi

Gina est unique dans son approche des aliments crus; elle part du point de vue culinaire des Grecs. Elle transforme les plats grecs traditionnels pour en faire des adaptations crues. On la rencontre souvent dans des foires et des marchés végétaliens, où son kiosque attire inévitablement une foule.

Environ 20 gâteaux

Ingrédients
4 dattes Medjool
250 ml (1 tasse) de sirop d'agave
250 ml (1 tasse) de jus d'orange frais
10 g (2 c. à soupe) de zeste d'orange
450 g (5 tasses) d'amandes moulues, trempées pendant la nuit
120 g (2¾ tasses) de graines de lin dorées, moulues
10 g (2 c. à soupe) de cannelle
5 ml (1 c. à thé) de sel de la mer Celte
Noix écrasées comme décoration

Mettez les dattes dans l'extracteur de jus, puis dans le mélangeur avec le sirop d'agave, le jus et le zeste d'orange. Mélangez jusqu'à ce que tous les ingrédients soient bien amalgamés. Égouttez et rincez les amandes et mettez-les dans l'extracteur de jus avec la lame vierge. Déposez les amandes dans le robot culinaire avec les graines de lin moulues, la cannelle et le sel et mélangez très brièvement par pulsations. Versez une partie du liquide du mélangeur dans le robot culinaire et transformez-le en ajoutant un peu de liquide de temps à autre, jusqu'à ce que le tout commence à se lier et que le mélange soit bien uniforme. Prenez de petits morceaux du mélange avec vos mains et formez des biscuits ovales. Mettez les biscuits sur un plateau du déshydrateur. Écrasez ou moulez légèrement les noix et saupoudrez-les sur les biscuits. Mettez le déshydrateur à 63 °C (145 °F) pendant environ 3 h, puis à 46 °C (115 °F) encore 2 h. Ces gâteaux doivent être légèrement croustillants à l'extérieur, mais mous et humides à l'intérieur.

Les dattes Medjool sont probablement les plus populaires chez les crudistes. Charnues et tendres, elles constituent un repas en soi. Il existe de nombreuses autres variétés sur le marché, en particulier chez les épiciers du Moyen-Orient. Cherchez les dattes jaunes sur la vigne — elles sont habituellement dures, mais laissez-les mûrir à la maison et leur goût sera divin.

Une recette différente pour une salade réussie
Steve Charter

Steve est un crudiste de longue date qui fait activement la promotion des bienfaits de ce régime depuis plus de 10 ans. Il connaît très bien la permaculture et il travaille d'arrache-pied à faire reconnaître les aliments crus comme partie intégrante de la vie en fonction de la viabilité écologique.

Prenez les graines d'un vaste éventail de plantes à salade vivaces et auto-ensemencées, comme la roquette, les laitues, les endives, les différents choux fourragers, les tomates, l'épinard vivace, la bette à cardes, les feuilles de laitue orientales, comme le chou mitsuna ou les feuilles de moutarde, la chicorée, le céleri, la livèche, etc., et ajoutez quelques graines de fleurs comestibles, comme les capucines, la mauve et le souci. Saupoudrez ces fleurs légèrement dans les parties appropriées du jardin dans de grands pots ou des boîtes à fleurs. Arrosez. Arrosez plus, selon le climat, les jours qui suivent l'ensemencement, puis au besoin pendant la croissance des plantes. Laissez les plantes au soleil de 2 à 4 mois puis récoltez-les et mangez-les avec quelques-unes des plus fabuleuses recettes décrites en détail dans ce livre… La permaculture s'entend de l'agriculture permanente. C'est un mode de vie en fonction de la viabilité écologique qui cherche à travailler en harmonie avec la nature et à suivre les modèles écologiques.

Cocktail santé dynamique anti-inflammatoire
Mike Nash

Mike est l'un des crudistes les plus dynamiques du Royaume-Uni. Son livre, *Aggressive Health*, est à la fois innovateur et inspirant. Il explique les puissants avantages d'un régime crudiste combiné à l'entraînement physique et aux techniques mentales de programmation neurolinguistique (PNL).

Ingrédients

1 pied de céleri
1 concombre
400 g (5 ⅔ tasses) de chou vert
1 cm (½ po) de gingembre
Jus d'un citron

15 ml (1 c. à soupe) de Greens for Life
  (mélange de poudre d'orge)
2 cubes de glace *E3live* de sacs de cubes de glace
  (algue bleu-vert du lac Klamath)

Mettez le tout dans le pichet du mélangeur et mélangez jusqu'à l'obtention d'une boisson fouettée verte et épaisse. Je la bois avec 5 ml (1 c. à thé) de méthylsulfonylméthane (MSM) que je place au centre de ma langue pour masquer les papilles gustatives amères, 3 gélules de Vitalzym (un supplément enzymatique systémique) et j'entreprends ma journée. Le gingembre est un aliment anti-inflammatoire puissant; la phycocyanine d'E3live a de puissantes propriétés anti-inflammatoires; le MSM est un puissant agent anti-inflammatoire et le Vitalzym est probablement la meilleure enzyme anti-inflammatoire sur le marché. Avec l'inflammation au cœur de toutes les grandes maladies de la civilisation, vous voyez pourquoi ce cocktail est « dynamique » dans ses propriétés favorables à la santé. C'est un cocktail que Mike prend presque tous les jours. Selon lui, si vous ne vous sentez pas bien après avoir bu 500 ml (2 tasses) de cette potion magique, vous êtes en difficulté !

Sandwich au concombre de Manhattan Joel « Cosmic CacaoBoy » Gazdar

Joel prépare le meilleur plat que j'aie jamais mangé. Les peaux de concombre sont riches en silice qui est reconnue comme le minéral par excellence de la beauté. Il contribue à l'élasticité des tissus et favorise le fonctionnement du cerveau.

Ingrédients

1 concombre (plus gros de préférence)
60 g (⅓ tasse) de graines de potiron ou de chanvre fraîchement moulues
5 ml (1 c. à thé) d'huile d'olive (vierge, de préférence pressée à froid) ou de beurre de sésame cru
5 ml (1 c. à thé) de vinaigre de cidre de pomme non pasteurisé ou de jus de citron
1 gousse d'ail fraîche
1 brin d'aneth/de coriandre/de basilic frais
Graines de carvi pour saupoudrer
5 ml (1 c. à thé) de miel (de préférence de fleurs sauvages, non filtré) ou d'abricots séchés (non soufrés)
5 ml (1 c. à thé) de sel de mer brut

Enlevez le bout du concombre (anglais ou ordinaire), de préférence pas trop froid. Videz-le avec un tuyau en cuivre de diamètre approprié, une baguette ou un type de cuiller utilisée pour enlever la moelle de l'os ou avec un vide-pommes (en laissant une extrémité fermée, vous réduisez le risque que la garniture déborde et éclabousse partout). Conservez le cœur juteux avec les graines pour la salade ou pour une sauce. Pour préparer la garniture, prenez tous les autres ingrédients et mélangez-les dans un bol, moulez-les dans un mélangeur ou écrasez-les avec un mortier et un pilon. Farcissez le concombre sur toute sa longueur et laissez mariner pendant une heure. Vous n'avez plus qu'à déguster !

Mousse riche « sans » chocolat, Jill Swyers

Jill est éducatrice en matière de santé de l'institut Hippocrates. Elle est très aimée et acceptée dans la communauté crudiste. Elle passe du temps à Londres, au Portugal et en Floride pour donner des ateliers, des retraites et des formations.

Ingrédients

150 g (1 tasse) de noix (trempées dans l'eau pendant la nuit)
200 g (1 tasse) de dattes (trempées dans juste assez d'eau pour les couvrir)
90 g (¾ tasse) de poudre de caroube
90 g (⅔ tasse) de pignons (trempés dans l'eau pendant la nuit)

Jetez l'eau des noix, rincez-les et égouttez-les. Transformez les noix et les pignons dans un robot culinaire. Ajoutez les dattes, puis la poudre de caroube. Mettez le tout dans un plat et réfrigérez pendant 2 h ou toute la nuit. Décorez avec des framboises, des fraises ou des fleurs comestibles — RÉGALEZ-VOUS ! Les membres de l'institut Hippocrates sont de fervents adeptes des plateaux de semences qu'on laisse germer et qui sont habituellement mangées dans la semaine ou les deux semaines qui suivent. Ils utilisent l'orge et l'agropyre qui sont bien connus, de même que le sarrasin, le tournesol et les petits pois verts.

Sauce aux champignons et au varech
Rob Hull

Rob est un bon ami qui habite à Londres. Il travaille à temps plein à promouvoir les aliments crus au moyen du magazine et du site Web *Funky Raw*.

Ingrédients
- 30 g (⅓ tasse) de spaghetti de mer (varech), trempé environ 20 minutes
- 90 g (1¼ tasse) de champignons
- 1 avocat moyen

Hachez les champignons et l'avocat et mettez-les dans un mélangeur avec le spaghetti de mer et l'eau du trempage et mélangez. Vous obtiendrez une riche sauce à servir avec une salade. *Funky Raw* a été fondé en 2004 par Tish Clifford, une crudiste de longue date, mère de deux enfants, en vue d'être la voix du mouvement crudiste au Royaume-Uni, en particulier de ceux qui cherchent à utiliser les aliments crus comme véhicule pour le développement personnel et le changement mondial.

Tarte dorée à la crème et aux cerises
Holly Paige

Holly est très favorable aux produits laitiers crus pour ses enfants en croissance. La plupart des crudistes sont végétaliens, mais Holly et d'autres estiment que les produits laitiers crus, comme le fromage de chèvre non pasteurisé et le yogourt, sont essentiels à une santé optimale.

Ingrédients

Pâtisserie
- 90 g (¾ tasse) d'amandes, trempées
- 90 g (¾ tasse) de noisettes/d'avelines, trempées et déshydratées si possible
- 5 dattes, fraîches si possible
- 5 prunes
- 1 banane
- 30 g (¼ tasse) de cerises séchées dénoyautées ou de baies du lyciet si vous ne pouvez vous en procurer
- Une poignée de copeaux de fèves de cacao

Garniture
- 200 ml (¾ tasse + 2 c. à soupe) de lait de chanvre fait de 90 g (½ tasse) de graines de chanvre et du jus de 2 oranges et d'un peu d'eau au besoin
- Quelques morceaux de zeste d'orange
- 2 figues séchées
- ½ banane
- 60 g (½ tasse) de noix de macadamia
- 30 g (¼ tasse) de baies du lyciet
- Une poignée de cerises fraîches
- Poudre de chocolat à saupoudrer

Mélangez tous les ingrédients de la pâtisserie, sauf les copeaux de fèves de cacao, jusqu'à l'obtention d'un mélange lisse. Ajoutez les copeaux de cacao et formez la base de la pâtisserie sur une plaque à biscuits. Mélangez les ingrédients de la garniture jusqu'à l'obtention d'un mélange lisse et remplissez la tarte. Il se raffermira en quelques minutes. Saupoudrez la poudre de chocolat cru et décorez avec des cerises coupées en deux.

Boules de « pâte à biscuits » superaliments
Jess Michael

Jess a souffert d'encéphalomyélite myalgique dans son enfance et elle a eu recours au régime crudiste pour se sortir de cet état débilitant. Elle a maintenant sa propre entreprise. Elle organise des ateliers populaires et elle court même des marathons ! Habituellement, je double ou je triple les quantités de ces excellentes boules de pâte à biscuits, car elles disparaissent rapidement. Si vous les mettez au réfrigérateur quelques heures une fois qu'elles sont prêtes, elles se raffermiront. C'est la meilleure collation en voyage.

Ingrédients

390 g (2 ¾ tasses) de vos noix préférées — les noix de cajou et les amandes constituent un bon mélange (trempées au moins pendant une demi-heure)
45 ml (3 c. à soupe) de beurre de noix de coco
120 g (¾ tasse) de raisins secs
60 g (⅓ tasse) de dattes juteuses fraîches
7 g (1 c. à soupe) de cannelle
Graines d'une gousse de vanille
2,5 ml (½ c. à thé) de sel fin de l'Himalaya/de l'Atlantique (facultatif)
60 g (½ tasse) de baies du lyciet (facultatives, mais recommandées)
30 g (¼ tasse) de poudre de chocolat cru/copeaux de fèves de cacao cru moulues
45 ml (3 c. à soupe) de nectar d'agave (facultatif, car le mélange pourrait être déjà assez sucré pour vous)

Si votre beurre de noix de coco est solide, faites-le fondre à feux doux. Ajoutez tous les ingrédients dans votre robot culinaire et mélangez jusqu'à l'obtention d'une pâte. Goûtez à votre création pour vérifier si elle est assez sucrée et si la texture convient. Si elle n'est pas assez sucrée, vous pouvez ajouter du nectar d'agave, ou un peu plus de beurre de noix de coco si vous voulez un meilleur mélange. C'est le moment de vous salir ! Prenez une bonne cuillerée de « pâte à biscuits » à la fois et roulez-la en boule dans la paume de vos mains. Réfrigérez les boules ou mangez-les tout de suite… à votre convenance.

Salade de lotus et de nori au vin rouge
Ysanne Spevack

Une de mes plus vieilles amies et des plus chères, Ysanne a de grands talents d'écrivain en matière d'alimentation; elle a une passion pour les aliments biologiques. Actuellement résidante aux États-Unis, elle continue à partager sa sagesse avec nous au Royaume-Uni grâce à ses livres et à son site Web.

Cette salade riche et séduisante est excellente pour vous réchauffer l'hiver à cause du vin qu'elle contient. Vous pouvez la préparer à partir de rien, car elle est entièrement constituée d'ingrédients que vous pouvez conserver dans votre garde-manger. Sa saveur est très prononcée. Je vous recommande de la consommer comme entrée plutôt que comme mets d'accompagnement. Inventée en Californie, elle a été inspirée par le mélange de la culture de sushi japonaise que l'on retrouve avec le penchant local pour les vins recherchés de la Nappa Valley. Un côté anglais vraiment extravagant de la scène culinaire californienne. Eh oui, le vin est cru !

Ingrédients
30 ml (2 c. à soupe) de vin rouge
30 ml (2 c. à soupe) d'huile d'olive
15 ml (1 c. à soupe) de beurre de sésame
10 g (1 c. à soupe) de graines de sésame noir
120 g (1 tasse) de racine de lotus séchée, réhydratée
2 grandes feuilles de nori, coupées en carrés de 1 cm (½ po)

Brassez le vin et l'huile ensemble dans un petit contenant pour faire la sauce. Ajoutez le beurre de sésame et incorporez-le avec une fourchette en écrasant tout grumeau. Ajoutez les graines, mélangez et versez la sauce sur la racine de lotus. Laissez mariner pendant au moins 20 minutes avant de servir. Juste avant de manger la salade, saupoudrez le nori.

La racine de lotus est très nutritive et populaire dans les cuisines chinoise et indienne. La fleur de lotus est un symbole de beauté divine dans les cultures hindoue et bouddhiste.

Salade à la sauce à l'avocat enjôleuse
Angela Stokes

Le récit de la perte de poids d'Angela est une inspiration pour des milliers de gens. Née et élevée dans le sud de l'Angleterre, ces jours-ci elle voyage à travers le globe. Elle partage ses aventures avec les personnes qui ont les mêmes intérêts qu'elle et enregistre ces événements sur son populaire site Web. Actuellement, cette salade est ma préférée. J'ai l'habitude de la préparer au milieu de la journée pour refaire le plein d'aliments crus pour le reste de la journée. Elle est très facile à préparer et très attrayante.

Ingrédients

1 pomme de laitue romaine tranchée en minces lanières/quelques bonnes poignées de jeunes légumes-feuilles
1 petit bouquet de coriandre, hachée finement
½ concombre, râpé
2 carottes, râpées
½ poivron vert, tranché en petits morceaux
Une poignée de dulse, déchiquetée en petits morceaux
Jus d'un citron ou d'une lime
5 ml (1 c. à thé) de varech/pincée de sel fin de l'Himalaya au goût
Chair d'un avocat, en gros morceaux
Toute autre « garniture » de votre choix – p. ex. ciboulette hachée, germes frais, noix, etc.

Combinez tous les ingrédients dans un grand bol et avec vos mains, écrabouillez le mélange jusqu'à ce qu'il soit bien amalgamé et que l'avocat soit bien réparti dans tous les ingrédients, comme une sauce. J'aime beaucoup cette méthode, car il n'est plus nécessaire de préparer une autre sauce pour salade, comme les huiles lourdes, et elle est tellement facile ! Plus besoin de s'en faire avec les appareils. Je l'appelle la salade à la sauce à l'avocat enjôleuse, car vous pouvez lécher le reste des ingrédients de vos mains après l'avoir écrasée, si vous le désirez. Préparez une quantité suffisante pour une ou deux personnes, selon votre appétit et à quel point vous vous sentez amicale.

Toby Roamed, Shazzie

Shazzie est l'un des plus beaux êtres que j'aie jamais rencontrés. Tout ce qu'elle fait vient du cœur et elle accomplit un travail étonnant en augmentant l'amour et la joie dans la vie des gens. Nous ne nous faisons pas concurrence pour ce qui est de la couronne de l'écrivaine et de l'agente de promotion la plus populaire au Royaume-Uni en matière de régime crudiste. Nous rions plutôt ensemble de toute cette histoire.

Ingrédients

120 g (1 tasse) de copeaux de fèves de cacao
120 g (1 tasse) de noix de cajou
200 g (¾ tasse) de beurre de cacao blanc
60 g (½ tasse) de poudre de caroube crue
60 ml (4 c. à soupe) de nectar d'agave cru
5 ml (1 c. à thé) de poudre de Blue Manna
5 ml (1 c. à thé) de maca
20 ml (4 c. à thé) d'huile de noix de coco

Moulez les copeaux de fèves de cacao en poudre fine. Moulez les noix de cajou en poudre fine. Râpez le beurre de cacao blanc et mettez-le dans un bol. Versez un peu d'eau chaude dans un autre bol et laissez reposer le bol de beurre dans ce bol. Ne mettez pas d'eau dans le beurre de cacao. Attendez que le beurre soit fondu puis ajoutez les autres ingrédients. Remuez très bien et versez dans n'importe quels jolis moules.

Autres renseignements sur mes invités

Voici d'autres renseignements sur mes invités qui ont généreusement accepté de me laisser utiliser leurs recettes.

Steve Charter : auteur du livre *Eat More Raw*, consultant en viabilité du point de vue écologique, auteur et cofondateur d'Eco-Forest (un projet écologique d'aliments crus en Espagne de 2000-2005) et de Somerset Trust for Sustainable Development. Visitez les sites www.eatmoreraw.com et www.sc2.org.uk.

Joel « Cosmic CacaoBoy » Gazdar : pionnier dans l'évolution des aliments crus vers « SuperLifeFoods » depuis 2000. Il écrit actuellement pour les inspirations crues e-zine. Joel est le président-directeur général de Sunshine Supernaturals. Il guide avec ingéniosité les gens au moyen des transformations de purification. Il a conçu le Project Alchemy de pollinisation croisée réalisé et lancé à Londres en 2007, en partenariat avec tous les enseignants, inventeurs, guérisseurs et artistes actifs de l'alimentation crue. Si vous désirez communiquer avec lui, vous pouvez le faire par courriel (cosmiccacaoboy@yahoo.com).

Rob Hull : crudiste depuis 4 ans, il s'occupe de la boutique Funky Raw, du magazine et du festival et il organise des ateliers sur les aliments crus et les aliments sauvages : www.funkyraw.com; www.rawrob.com; rob@funkyraw.com.

Jess Michael : cette entraîneure du style de vie cru est un chef de même qu'une écrivaine et une conférencière motivante. Elle est la fondatrice de Total Raw Food et entraîne ceux qui désirent améliorer leur alimentation : www.totalrawfood.com.

Mike Nash : auteur d'*Aggressive Health* et de *Peak Performance Health Educator* : www.aggressivehealth.co.uk.

Holly Paige : et ses deux plus jeunes enfants, Bertie et Lizzy, ont presque entièrement adopté le régime crudiste depuis l'été 2001. Elle a été traiteur d'aliments crus et elle a enseigné leur préparation. Elle a une passion pour les effets des aliments et des plantes sur le cerveau et la conscience et dans cet esprit, elle vend des aliments et des suppléments à haute vibration par l'entremise de sa boutique en ligne www.oceanwavevibrations.com. Vous pouvez communiquer avec elle par courriel (holly@rawcuisine.co.uk) ou visitez son site Web (www.rawcuisine.co.uk).

Gina PanaYi : son livre s'intitule *The Raw Greek*. Vous pouvez communiquer avec elle par courriel (gina@therawgreek.com) ou visiter son site Web (www.therawgreek.com).

Shazzie : directrice générale de Rawcreation Ltd, publie ses livres, vend plus de 700 vrais produits santé au détail et importe les meilleurs superaliments biologiques crus. Elle a écrit trois livres : *Detox Delights, Detox Your World* et *Naked Chocolate* avec David Wole, le gourou américain des aliments crus. Shazzie et sa fille Evie vivent à Cambridge au Royaume-Uni. Elle est végétalienne depuis 1997 et crudiste depuis 2000. Sa vocation de crudiste fait partie intégrante de son cheminement vers une liberté mentale, spirituelle et physique. Grâce à ses écrits ouverts, honnêtes et plaisants, Shazzie attire quotidiennement près de 9000 visiteurs sur son site Web (www.shazzie.com).

Ysanne Spevack : elle aime la nourriture et cette planète bleu-vert. Ses 13 livres portent tous sur le mode de vie biologique et les aliments biologiques. Parmi ceux-ci, mentionnons les livres suivants : *Organic Cookbook, Fresh and Wild – A Real Food Adventure* et *The Real Taste of Japan*, en plus de son rapport sur l'industrie pour Reuters à propos du marché des produits alimentaires organiques, fonctionnels et biologiques internationaux. Elle est la rédactrice en chef du principal site Web des aliments biologiques au Royaume-Uni (www.organicfood.co.uk) et rédactrice consultante fondatrice du magazine *Organic* au Royaume-Uni.

Angela Stokes : a perdu jusqu'à 70 kg (150 lb) grâce à un style de vie crudiste et elle s'est sortie de son obésité morbide. Elle est responsable du site www.rawform.com, sur lequel elle partage son message de guérison grâce à des articles, des livres en ligne, des conférences et des retraites de perte de poids naturelle. Elle a la passion d'aider les autres à s'aider eux-mêmes à améliorer leur santé et à mener des vies mieux remplies. Vous pouvez communiquer avec elle par courriel (angela@rawform.com).

Jill Swyers : éducatrice dûment accréditée en matière de santé de l'institut Hippocrates et consultante en aliments et en nutrition. Elle donne des conférences sur la nutrition et des retraites personnelles de détoxification. Vous pouvez communiquer avec elle en visitant son site Web (www.jillswyers.com) ou par courriel (info@jillswyers.com).

Index

abricots 200, 202, 222, 223, 234, 245
aduki 49, 144
agropyre 16, 35, 36, 52, 245
algue bleu-vert du lac Klamath 24, 35, 236, 238, 244
aloès vrai 35, 36, 40, 41
amandes 9, 25, 27, 33, 45, 53, 62, 68, 77, 83, 104, 107, 141, 146, 153, 154, 155, 218, 220, 222, 223, 242, 246, 248
aramé 25, 55, 118, 120, 127, 128, 134
avocat 25, 46, 47, 65, 90, 98, 106, 110, 114, 122, 126, 127, 128, 132, 137, 154, 159, 160, 162, 205, 206, 208, 214, 246, 250
avoine 27, 30, 46, 48, 49, 53, 154, 155, 177, 181, 226, 228, 230
bagatelle 208
banane 20, 25, 31, 32, 52, 194, 200, 205, 206, 208, 214, 246
barres de salades 239
barres indiennes crues de Lisa 48, 169
basilic 68, 82, 90, 93, 94, 96, 150, 155, 157, 158, 186, 245
betterave 45, 108, 124, 132, 146, 159, 165, 182
beurre de sésame 16, 20, 26, 28, 46, 53, 62, 64, 65, 117, 118, 124, 154, 155, 175, 177, 189, 214, 216, 230, 234, 245, 249
biscuits «feux de circulation» 174
biscuits à la caroube et à la noix de coco 229
biscuits à la coriandre et à l'épeautre 175
biscuits sablés 45, 172
blé 16, 27, 30, 33, 48, 49, 50, 56, 126, 157, 170, 175, 177, 214, 216
bleuets 27, 34, 215, 226
boisson fouettée 25, 189, 244
bolets et pesto 47, 117
bombe glacée de Noël 204
bouchées au brocoli 180
boules de « pâte à biscuits » superaliments 248
boules de maca 46, 47, 234
brioches de carême 230
brocoli 16, 20, 25, 26, 34, 46, †59, 62, 77, 114, 116, 122, 124, 126, 128, 134, 158, 159, 164, 180
burgers 30, 31, 45, 67, 70, 72, 73, 113, 143, 146, 148, 150, 153
burgers au tournesol 148
burgers aux betteraves 146
burgers aux graines de chanvre 148
burgers aux lentilles 150
burgers d'amour 150
burgers épicés aux amandes 45, 153
café en grains 51
cari 48, 110, 116, 122, 127, 130, 137, 154, 158, 169, 181, 182
cari de Jane 130
cari de panais 122, 137
cari rouge thaï 48, 127, 158
carotte 25, 26, 28, 35, 45, 46, 59, 108, 136, 141, 146, 154, 155, 160, 162, 182, 188
caroube 27, 28, 50, 51, 189, 199, 205, 206, 207, 208, 212, 214, 215, 216, 217, 218, 219, 220, 228, 229, 234, 236, 238, 245, 250

carrés au chocolat 228
céleri 20, 25, 26, 46, 47, 48, 52, †59, 77, 78, 80, 86, 107, 110, 127, 130, 136, 148, 153, 155, 157, 162, 239, 244
céréales 32, 36, 37, 45, 46, 47, 189
chili 46, 124, 154, 158, 159, 184
chocolat 9, 25, 33, 36, 45, 46, 47, 48, 50, 124, 199, 202, 205, 208, 214, 216, 218, 228, 229, 236, 238, 245, 246, 248
chocolat cru 214, 229, 238, 246, 248
chou 16, 20, 25, 32, 35, 45, 48, 54, †59, 90, 114, 116, 118, 120, 124, 126, 127, 128, 134, 138, 150, 158, 176, 239, 244
chou rouge 45, 114, 118
chou rouge et pommes 118
chou-fleur 16, 20, †59, 114, 116, 124, 127, 128, 150, 158, 176
chou-rave 127
choucroute 54, 114, 117, 126, 181
choux de Bruxelles 120
chutney 46, 47, 67, 68, 73, 150, 152, 190
chutney à la coriandre 46, 68, 190
chutney aux dattes 47, 67, 152
citron mariné 73, 152
cocktail santé dynamique anti-inflammatoire 244
collation de Zachary 180
concombre 20, 24, 26, 28, 46, 52, †59, 62, 75, 77, 94, 114, 120, 128, 130, 132, 137, 181, 190, 239, 244, 245, 250
concombre crémeux et pomme 137
confiture 48, 177, 234
coriandre 46, 68, 93, 116, 127, 144, 158, 175, 190, 245, 250
cornichons rapides 181
courge 104, 128, 158
craquants au nori 190
craquants de courgette 45, 190
craquants de dulse 46, 186
craquants de patate douce 47, 182
craquelins au chou-fleur libanais 176
craquelins aux olives 176
craquelins aux tomates 172
craquelins croustillants au quinoa 168
crème caramel 206
crème glacée à la caroube 207
crème glacée au chanvre 207
crème glacée au halva 196
crêpes 9, 28, 47, 53, 147, 226, 228
cresson 16, 20, 118, 130
croquant à la carotte 188
croquant au cari 181
croustilles de courgette 139
croustilles de plantain 48, 184
croûte de tarte 212, 214
dahl 46, 116
délice au brocoli 46, 124

253

édulcorants 55, 193, 230
épeautre 30, 48, 49, 170, 175
épinards 9, 33, 152, 154, 159, 164, 168, 174
fattoush 47, 130
fenouil 20, 45, 47, 106, 132, 138, 154
fraises 27, 32, 198, 207, 215, 218, 226, 245
framboises 27, 215, 217, 226, 245
friandises 7, 27, 28, 46, 50, 225, 230, 233, 234, 236, 239
fromage à la crème de noix de cajou 46, 76, 159
gâteau à la crème glacée 218
gâteau au chocolat 214
gâteau d'Ethan 220
gâteau de Reuben 215
gâteaux aux carottes 47, 229
gâteaux d'avoine 46, 177
germes 19, 25, 33, 46, 47, 48, 49, †59, 68, 84, 98, 106, 114, 116, 117, 118, 122, 127, 132, 134, 144, 158, 159, 160, 175, 180, 181, 214, 250
ginseng du Brésil 35
gombo au cari 116
graines de tournesol 94, 144, 148, 150, 153, 170, 180, 189, 207, 215, 223
haricot mungo 49
hoummos de graines de chanvre 47, 66
huile de ricin 43
jolis biscuits 46, 230
kebabs de fruits 27, 28, 202
ketchup au poivron rouge 45, 72, 144, 149, 150
ketchup aux carottes 46, 70
le meilleur gâteau de fête 216
lécithine 24, 52, 110, 117, 122, 189, 194
légumes de mer 24, 55, 117, 132, 157, 186
lentilles 19, 25, 116, 144, 150, 180
lin 11, 16, 20, 24, 25, 40, 52, 54, 62, 86, 89, 110, 117, 118, 122, 124, 146, 148, 150, 153, 158, 168, 172, 174, 175, 176, 189, 194, 222, 229, 230, 242
lucuma 50, 207
luzerne 33, 46, 47, 49, 62, 65, 103, 106, 117, 122, 126, 159, 160, 175
maca 16, 20, 21, 32, 33, 35, 36, 46, 47, 205, 228, 234, 236, 238, 250
macédoine de chou 48, 114
magnifique pouding aux baies du lyciet 46, 206
maïs 9, 25, 35, 46, †59, 107, 117, 127, 128, 132, 137, 155, 158, 159, 164
manger plus de légumes 48, 126, 174, 239
mangue 98, 202, 208, 215
marrons 120
mayonnaise aux œufs 128
melomacarouna (gâteaux au «miel») 242
mes préférés 47, 77, 126, 190
mince-meat 107, 198, 204
miso 46, 56, 65, 70, 76, 80, 82, 86, 90, 94, 107, 110, 118, 120, 128, 137, 144, 149, 150, 154, 155, 169, 170, 172, 198
mousse riche «sans» chocolat 245
nectar d'agave 32, 55, 60, 62, 90, 124, 205, 206, 208, 214, 216, 217, 218, 219, 226, 230, 236, 238, 248, 250

noix de cajou 27, 32, 46, 52, 76, 116, 120, 140, 147, 150, 159, 160, 164, 169, 198, 206, 208, 215, 218, 219, 248, 250
noix de coco 54, 92, 110, 127, 141, 143, 158, 169, 184, 199, 216, 217, 219, 229, 238, 248, 250
noix de macadamia 132, 198, 206, 236, 246
noix du Brésil 16, 93, 172, 174, 176, 226, 230
noni 35, 40
nori 24, 25, 33, 46, 47, 55, 59, 62, 75, 80, 83, 86, 103, 107, 108, 120, 168, 190, 249
nouilles 113, 128, 158, 165
pain de malt 222
pain de miso 46, 170
pain de pois chiches 149
pain de seigle 46, 48, 126, 175
panais 35, 45, 48, 104, 110, 114, 122, 136, 137, 140, 182
papaye 98
patates douces †59, 104, 141
pâté d'olives 78
pâté de noix 46, 86
pâté de pignons 82
pâté de pomme et de noisettes 80
pâté Happy 77
pâté Sunshine 83
pâtes gastronomiques 160
pâtes tricolores 165
pâtisserie 246
persil 20, 46, 64, 78, 130, 148, 149, 150
pesto 47, 90, 93, 114, 117, 122, 130, 132
pesto à l'avocat 47, 90, 114, 122, 132
pesto à la coriandre 93
petits fours 144, 152
petits fours aux épinards 152
petits fours aux haricots 144
pignons 76, 82, 90, 108, 130, 158, 164, 206, 236, 245
plantain 48, 52, 184
poires 18, 27, 62, 206, 220
pois chiches 16, 19, 20, 49, 108, 144, 149, 158
poivron rouge 45, 72, 77, 86, 94, 116, 130, 144, 148, 149, 150, 174
poivrons pizzas 47, 158, 164
pollen d'abeille 12, 16, 20, 21, 24, 35, 36, 65, 236, 238
pommes de Pâques 199
potiron 16, 19, 20, 46, 52, 53, 110, 126, 128, 138, 153, 170, 180, 189, 207, 245
pouding à la noix de coco et à la caroube 199
pouding au chocolat meilleur que jamais 48, 205
pouding du déjeuner 45, 47, 194
pouding imbattable 46, 47, 200
prosopis 50
prunes 234, 246
psyllium 27, 52, 147, 154, 155, 208, 212, 214, 215, 216, 220, 223
purée de panais 45, 136

quiche 154, 155
quiche aux épinards et aux champignons 154
quiche aux tomates 155
quinoa 47, 49, 168
raisins 24, 27, 37, 118, 130, 189, 194, 196, 198, 202, 208, 215, 216, 217, 219, 220, 226, 229, 230, 248
recette de base de sauce pour pâtes 162
riz au panais 48, 114, 140
roquette 33, 45, 89, 94, 96, 98, 114, 126, 154, 160, 170, 244
roquette et hijiki 114
rouleaux de printemps 60, 100
sablé aux fraises 226
salade à la sauce à l'avocat enjôleuse 250
salade chérie 47, 132
salade de « poulet » 118
salade de chou de Noël 120
salade de chou orientale 134
salade de chou-rave 127
salade de fenouil et de poireau 132
salade de lotus et de nori au vin rouge 249
salade du samedi 122
salade épicée de chanvre et de betteraves 124
salade méditerranéenne 47, 120
sandwich 25, 55, 59, 216, 245
sandwich au concombre de Manhattan 245
sarrasin 30, 48, 49, 181, 189, 218, 245
satay 47, 92, 141
satay à la noix de coco 92
satay de patate douce 47, 141
sauce à l'ananas 48, 98
sauce au poivron rouge 96
sauce au poivron rouge 45, 94
sauce aux champignons et au varech 246
sauce aux noix 101
sauce crémeuse au concombre 46, 94
sauce douce au piment fort 100
sauce/trempette asiatique 60
saucisses 26, 46, 144
saucisses à la sauge et aux lentilles 144
seagreens 54, 89, 118, 122, 124, 126, 127, 175
seigle 30, 46, 48, 49, 126, 175, 176
sel d'Epsom 43
sel fin de l'Himalaya 56, 66, 248, 250
sélénium 16, 148, 172
sésame 16, 19, 20, 26, 28, 46, 52, 53, 60, 62, 64, 65, 66, 67, 98, 104, 110, 116, 117, 118, 124, 128, 130, 132, 134, 140, 144, 149, 152, 154, 155, 170, 175, 176, 177, 181, 188, 189, 190, 194, 196, 199, 212, 214, 216, 230, 234, 236, 238, 245, 249
simple salade 47, 89, 117, 132, 155, 175
soja 52, 56, 110, 150
soupe à la betterave 45, 108

soupe au panais 110, 140
soupe aux amandes et au maïs sucré 107
soupe aux feuilles d'automne 104
soupe aux pois chiches 108
soupe fantastique au fenouil 47, 106
soupe thaïe au potiron 110
super truffes 47, 236, 238
tapenade 46, 78, 84
tarte à la crème aux bananes 214
tarte à la crème aux pommes 212
tarte au citron 214, 220
tarte aux graines de pavot 223
tarte dorée à la crème et aux cerises 246
tempura 46, 153, 165
tomates séchées 51, 70, 72, 80, 84, 86, 101, 108, 114, 116, 118, 144, 155, 157, 160, 162, 172, 186
topinambours 134
torte à la caroube 219
torte à la noix de coco 217
trempette au persil 46, 64
trempette de guacamole de Reuben 65
trempette de Zachary 45, 62
trempette sucrée aux amandes 62
trempettes 7, 26, 33, †59, 104, 122, 124
truffes 47, 236, 238
une recette différente pour une salade réussie 244
vanille 56, 147, 196, 198, 199, 208, 214, 218, 223, 238, 248
varech 20, 24, 25, 54, 55, 64, 65, 70, 117, 152, 157, 162, 172, 246, 250
vinaigre 57, 65, 67, 70, 72, 80, 84, 89, 90, 104, 110, 114, 117, 118, 120, 122, 124, 127, 134, 139, 140, 155, 157, 159, 162, 181, 245
wakamé 55, 126, 132, 140, 186
yacon 230
zaatar 130, 176
zinc 16, 19, 20, 21, 138